PRÊTS POUR L'EFFONDREMENT ?

GUIDE VERS LE MONDE D'APRÈS

JACQUES TIBERI

PRÊTS POUR L'EFFONDREMENT ?

© 2020, Jacques Tiberi
Collection : *Escape The City*
Édition : BoD - Books on Demand, Collection Escape The City
12/14 rond-point des Champs-Élysées, 75008 Paris
Impression : BoD - Books on Demand, Norderstedt, Allemagne
Illustrations : Laura Andrade, oldbookillustrations, pixabay, freepix, wikimedia, thenounproject, adobe stock
Couverture : Mathilde Galzin
ISBN : 978-2-3222-5915-1
Dépôt légal : Novembre 2020

À ma femme, Laura : promis, demain, je fais la vaisselle !

À mes enfants : n'oubliez pas la leçon du Dr E.E. Schumacher...

« *Nous pouvons faire des choses nous-même ou encore payer d'autres personnes pour qu'elles les fassent à notre place. Tels sont les deux "systèmes" par lesquels nous fonctionnons ; nous pourrions les qualifier de "système autonome" et de "système d'interdépendance". Le premier tend à produire des hommes et des femmes autonomes ; le dernier, des hommes et des femmes interdépendants. Toutes les sociétés actuelles sont organisées sur le mélange de ces deux systèmes, mais dans des proportions différentes. (...) Les gens sont de moins en moins autonomes et plus dépendants que jamais. Ils peuvent se prétendre bien plus instruits que leurs parents, mais il n'en demeurent pas moins qu'ils sont incapables de faire quoique ce soit par eux-mêmes. Ils dépendent en grande partie d'organisations fort complexes, de mécanismes très élaborés, de meilleurs revenus. Mais que se passe-t-il en cas de blocus, de panne, de grève, de chômage ?* »

Et j'ajouterai « d'effondrement? ».

Dr E.E. Schumacher, CBE
The complete book of self sufficiency, 1976
Préface de la première édition

Sommaire

Préface..10
Introduction à ne pas zapper..13
Reconnaître les signes d'effondrement................................30
Questions existentielles...61

LA MAISON..109

Votre maison est-elle écologique ?....................................110
Pas d'autonomie sans eau-tonomie...................................112
Les aventuriers de l'électro\tarcie.....................................120
Chauffage : quelle énergie privilégier ?.............................126
Survivre à l'enfer caniculaire...132
Chiens et chats..134
La garde robe idéale 138
Loisirs *low-tech* 142
Que faire de son argent..149
Stockez malin !..158

L'ALIMENTATION...165

Démarrer un potager luxuriant !.......................................166
Vivre sans réfrigérateur..177
Quel régime alimentaire adopter ?...................................182
Chasser au fusil ou à l'arc ? 192
Savoir pêcher sans y passer la journée............................195
La cueillette des champignons..200
Veau, vache, cochon, couvée... 204
Élever et cuisiner des insectes comestibles......................206

LA SÉCURITÉ 209

Protéger sa base autonome et durable 210
Sécuriser son domicile en zone urbaine hostile 216

LA SANTÉ 219

Symptômes et soins 220
Les 10 commandements de l'hygiène minimaliste 230
Retrouver et/ou préserver ses muscles 240
Repérer et apaiser l'éco-anxiété 244
Tester la santé psychologique d'un inconnu 248

LES TRANSPORTS 251

Quel véhicule pour rouler après l'effondrement ? 252
Cheval, âne ou vélo... que choisir ? 258

Préface

La collapsologie, champ de connaissances sur le collapse, offre une littérature abondante sur le sujet des effondrements. Principalement théorique, cette littérature avait besoin d'ouvrages vulgarisant la collapsologie sur son versant pratique. Le livre que vous tenez entre les mains en fait éminemment partie.

Car l'urgence se précise : la question n'est plus de savoir si le collapse va arriver mais quand. Nul n'étant devin, personne ne peut avancer une date certaine sans passer pour un furieux millénariste. Autant se préparer dès maintenant au collapse, sans céder à la panique.

En effet, en tant que psy, je vois parfois à quel point le collapse est déjà présent dans l'esprit de certains de mes patients.

Particulièrement ceux qui ont vécu une *métanoïa*, ce déclic qui fait prendre conscience que notre monde s'effondre déjà. Ils souffrent de *solastalgie*, cette douleur d'assister en direct et impuissant à la disparition des écosystèmes et des espèces, détruites par la main de l'homme. Par-delà ils subissent aussi de l'éco-anxiété, l'angoisse des effondrements à venir et donc de la finitude, de la mort individuelle et collective.

Comment faire face à ces affres psychiques et existentielles ?

Par l'action, comme je l'ai écrit dans mon récent ouvrage sur le sujet[1], citant Saint-Exupéry : « *seule l'action nous délivre de la mort* ».

Si l'on se laisse saisir par l'effroi de la mort, avant même que le collapse ne survienne, on risque d'être englouti par la dépression.

Pour se préparer aux effondrements, nul besoin d'être un spécialiste de la collapsologie. Il suffit de s'y mettre.

---

1 *N'ayez pas peur du collapse ! Se libérer de l'anxiété et créer un monde nouveau*, Loïc Steffan, Pierre-Eric Sutter (Ed. Desclée de Brouwer, 2020).

Préface

N'importe qui peut devenir un *collapsonaute* averti qui fait avec l'idée du collapse plutôt que contre.

On peut même devenir *collapsosophe*, sorte de sage tranquille, passé de la métanoïa à l'éveil collapsologique, sur lequel l'angoisse de finitude n'a plus prise.

Pour devenir collapsonaute ou collapsosophe, il faut des guides.

Guides pratiques pour changer ses modes de vie, guides spirituels pour changer ses modes d'être. Assurément, le présent manuel vous guidera pour cheminer sereinement vers le monde d'après, par-delà le collapse.

Pierre-Eric SUTTER

Prêts pour l'effondrement

Introduction à ne pas zapper

Je suis journaliste. Je ne suis ni un scientifique, ni un survivaliste, ni un extralucide, ni passionné de flingues, ni sous l'emprise d'un *green-gourou-new-age*. Je suis un collapsonaute. Un gars qui navigue à vue sur le fleuve tumultueux menant au monde d'après. Un mec qui se risque à accélérer à l'entrée du grand virage. Un type qui se prend à sourire alors que se dessinent devant lui les rapides de l'inconnu. Et qui un petit peu abusé de la cervoise maison dont la douce amertume et la fine mousse... Bon, où en étais-je ?

Ah oui. Personnellement, je préfère le terme de collapsonaute à celui de collapsologue, qui est un peu trompeur. D'ailleurs, mieux vaudrait parler de *collapsisme* (je sais, c'est moche). C'est-à-dire d'une idéologie de l'effondrement qui – comme toute idéologie – propose d'imaginer un futur désirable.

Pour être tout à fait franc, je fais plutôt partie des *transitionneurs simplicitaires*. Des quoi !? Des gens qui ont quitté la ville pour s'installer à la campagne et greliner leur potager (moi c'est dans l'Eure, en Normandie). Je n'utilise plus de savon, je bois de l'eau de pluie filtrée, je pisse sur mes semis, me chauffe bois et porte des sandales de cuir végétal fabriquées dans la région.

Au quotidien, je tente de pointer les signes avant-coureurs de ce qui arrive, sans pessimisme ni résignation. J'assume mon catastrophisme, ma parano-sur-les-bords, mais je me soigne. En un mot, je suis un revivaliste (on en reparlera plus tard) !

Ce livre est le travail de deux années de recherches, d'échanges et d'expérimentations. J'espère qu'il vous aidera, dans vos tâtonnements et pérégrinations vers la résilience heureuse, la frugalité gourmande et l'inconfort moelleux.

Ensuite, un court avertissement (histoire de me couvrir juridiquement et de dormir sur mes deux oreilles).

En aucun cas les informations et conseils proposés dans ce guide ne pourront se substituer à une consultation ou un diagnostic formulé par un professionnel, du chef cuistot au jardinier, en passant par le menuisier ou le mycologue, seuls en mesure d'apporter une réponse adéquate à votre cas particulier.

Mes conseils ne remplacent pas une bonne vieille consultation chez le médecin. J'insiste.

Je ne me substitue pas à un avis médical : seul votre docteur est apte à délivrer un diagnostic et un traitement. Notez d'ailleurs le numéro des urgences, tant qu'il fonctionne encore : c'est le 112.

Ce livre a vocation à vous informer et vous aider à forger votre conviction, pour déterminer à quoi ressemblera votre avenir. Mais ce choix reste entièrement le vôtre !

Voilà, ça, c'est fait ! Maintenant, qu'on se connaît un peu mieux, entrons dans le vif du sujet !

CECI N'EST PAS UNE FICTION

Si vous êtes déjà un collapso-transitionneur-survivaliste-doux, passez votre chemin et rendez-vous **PAGE 23** pour en savoir plus sur *le basculement*... Sinon, préparez-vous à entrer dans la première des cinq étapes du deuil[2].

« [Notre] modèle économique uniquement fondé sur la recherche de croissance est voué à l'explosion et l'effondrement durant la première moitié du XXIe siècle. »

Dennis Meadows, 1972

Les sociétés sont comme les humains : elles naissent, se développent, puis déclinent. Longtemps, nous avons cru que la « civilisation techno-industrielle » était immortelle.

Aujourd'hui encore, les partisans de la transition écologique, de la géo-ingénierie et du transhumanisme croient pouvoir réparer les dégâts, bidouiller le climat voire atteindre l'immortalité, grâce à la technologie. *Bull shit* (bouse de bison, en français) !

---

2   Lire : *Les derniers instants de la vie*, d'Elisabeth Kübler Ross (2011)

Le collapse, c'est le *twist* de la 88ème minute, où tout ce qu'on a cru vrai ne l'est plus... Ce qui fait de la théorie de l'effondrement une sorte de *divulgâchage* du futur.

En bons cartésiens, nous nous sommes crus « *maîtres et possesseurs de la nature* », grâce à la *technique*. Et nous avons oublié d'agir « *de telle façon que les effets de (notre) action soient compatibles avec la permanence d'une vie authentiquement humaine sur Terre* »[3].

Autrement dit, notre *lifestyle* chéri nous conduit droit à la destruction de la nature.

ON NOUS AURA PRÉVENUS !

Ça fait 50 ans que tout le monde sait ! 50 ans que des climatologues comme le britannique John Beddington, préviennent : « *sans un changement rapide des comportements individuels et collectifs, nous allons vers un effondrement écologique et économique global* ».

Ça fait 50 ans que les ONG écolos s'alarment d'une sixième extinction des espèces, dont la rapidité serait 100 à 1 000 fois supérieure aux ères précédentes.

Ça fait 50 ans que le « jour du dépassement »[4] tombe de plus en plus tôt dans l'année. En 1971, c'était le 24 décembre. En 2019... le 29 juillet. Le confinement mondial lié à la crise du Covid-19 n'aura reculé cette date que de 3 petites semaines !

Pendant ce temps, à la table du G8, c'est *business as usual*. On attend toujours l'indispensable sursaut politique international. Chaque année – pendant qu'on se voile la face derrière les concepts de développement durable, de croissance verte ou de transition écologique – on balance plus de 8 milliards de tonnes de CO^2 dans l'atmosphère et 8 millions de tonnes de plastiques dans les océans (majoritairement des filets de pêche). On fait la teuf au champagne en première classe, pendant que l'avion fonce en piqué vers le crash !

---

3   Rapport *The Limits of Growth*, mis à jour depuis par Donella Meadows.
4   Date à laquelle l'humanité commence à vivre à crédit après avoir consommé plus de ressources et émis plus de CO^2 que ce que la planète peut renouveler ou absorber en une année.

Jusqu'ici, tout allait bien. Les climatologues pensaient que les températures globales ne s'élèveraient que de 1,5 voire 2°C maximum, autour de 2050. Et que les problèmes seraient pour après : 2100 c'est loin ! D'ici là, on avait bien le temps de réduire nos émissions et de sauver tout le monde.

Oui, mais ça, c'était avant.

Au début des années 2010, le discours du Groupe d'experts intergouvernemental sur l'évolution du climat (GIEC) s'est fait de plus en plus alarmiste.

Voici un petit *medley* de phrases tirées de prises de parole de membres du GIEC. « *Il est trop tard pour le développement durable, nous devons, au contraire, opter pour un repli durable ! Pour la première fois, un effondrement global paraît probable, il faut envisager la possibilité d'un brusque renversement de l'écosystème mondial, car le monde court au désastre !* »

La communauté scientifique a rapidement constaté que ses projections sous-estimaient les phénomènes à l'œuvre.

Car le réchauffement climatique est entré dans une phase d'emballement. Et nous, dans l'âge des grands bouleversements.

Les sols se réchauffent deux fois plus vite que l'atmosphère. Les vagues de chaleur causent des pics de consommation d'énergie. Les méga-feux de forêt privent la planète de ses poumons (l'Amazonie émet plus de carbone qu'elle n'en capte). La fonte du pergélisol libère du méthane. L'acidification des océans menace les planctons qui jouent un rôle de pompe à carbone... Bref, chaque dérèglement renforce les autres, accélérant le processus de réchauffement, tout en réduisant les capacités de la planète à le ralentir.

À ce rythme, selon les projections du GIEC mises à jour en 2019, les écosystèmes terrestres et les humains seront gravement touchés bien avant 2050. Nous irions plutôt vers un réchauffement planétaire moyen de 2 à 3°C d'ici 2040, 5°C vers 2050 et 7°C à l'horizon 2100, soit un degré de plus que prévu par les projections « officielles ».

Le système économique mondial pourra-t-il longtemps résister à des canicules de 55°C, aux catastrophes naturelles incessantes (feux, inondations, sécheresses...), à l'épuisement des énergies fossiles, à la dégradation des rendements des terres cultivables, à la multiplication des accidents industriels, à la disparition des poissons, à l'apparition de nouveaux virus, à l'engloutissement de régions entières du globe et à la disparition des animaux sauvages ?

Introduction à ne pas zapper

Non.

Cela « *éliminera les fondements de notre civilisation industrielle* », annonce Dennis Meadows au quotidien *Libération*, dans une interview de juillet 2019. « *C'est le scénario de l'effondrement qui l'emporte.* »

Maintenant que j'ai toute votre attention, on va pouvoir entrer dans le dur et se demander : la civilisation techno-industrielle, comment ça marche ?

NOTRE CIVILISATION EST UNE UTOPIE

Si tout ce qui vous entoure, vous habille, vous éclaire, vous nourrit... est le fruit d'une technologie et/ou produit à échelle industrielle, alors vous vivez dans une civilisation techno-industrielle. Et cette civilisation repose sur trois mythes fondateurs.

1-Le mythe d'un progrès continu et infini.

J'adore cette phrase de Nietzsche : « *plus vous voudrez accélérer les progrès de la Science et plus vite vous la ferez périr ; ainsi succombe la poule que vous contraignez artificiellement à pondre trop vite ses œufs.* »

Qui est encore assez couillon pour croire *qu'on arrête pas le progrès*, que *les arbres poussent jusqu'au ciel* et que l'abondance est la normalité ?

Qui peut croire qu'une innovation technologique conçue pour améliorer votre quotidien... tout en *vous* aliénant, soit un *progrès* ? Des exemples ? Les réseaux sociaux, l'électroménager à obsolescence programmée, l'énergie nucléaire, les voitures impossibles à entretenir hors d'un garage spécialisé, les drones...

Comment peut-on se réjouir de l'explosion démographique mondiale ?

Qui affirme encore que la croissance du PIB a un effet réel sur le bien-être des gens ?[5]

---

[5] En 1974 le sociologue Richard Easterlin a démontré que la croissance n'était plus source de progrès. Depuis, on parle de paradoxe d'Easterlin.

Qui peut bien rêver d'une société capable d'assouvir tout désir, tout de suite et sans effort, contre de l'argent ?

Qui promet encore que la technologie nous sauvera, et que nous sommes plus forts que le réchauffement global ?

Qui peut encore investir dans cette économie zombie, sous perfusion *d'argent magique*, où l'on s'endette toujours plus pour créer toujours moins de richesses ?

2-Le mythe d'un homme *maître de la nature.*

À force de nous battre contre la nature, nous avons fini par la haïr. Nous en avons peur. Elle nous agresse, comme la pluie ou le soleil. Elle nous surprend, comme ce campagnol qui vient bouffer mes pommes de terre (arrrgh !). Elle nous déçoit, comme cette pluie qui ne tombe pas. Elle nous fait mal, comme ces orties qui m'ont piqué ce matin. Elle n'obéit pas, comme cette vigne dont les fruits sont trop secs. Elle ne respecte pas l'ordre, comme ces arbustes qui poussent de toutes parts... bref, la nature est une mauvaise herbe, une mauvaise fille.

Et que fait le patriarca\pitalisme de ces mauvaises filles/herbes ? De ces sorcières hirsutes ? Il les mate. Il les fout sous verre ou en fait des fantaisies de vacances.

C'est ainsi qu'on a abandonné nos maisons de pierre et de bois, nos champs et nos fermes, pour construire des villes de béton et de fer, où la nature – comme bobonne – reste à sa place : les parcs, les trottoirs, les vases et les cimetières.

Depuis, les Saruman que nous sommes jettent des regards méprisants vers tous les Radagast du monde. *Sorry*, c'était une *private joke* pour les fans du *Seigneur des Anneaux*.

Aucune civilisation n'a cru pouvoir exploiter le vivant comme nous le faisons aujourd'hui. Il suffit de regarder comment les géo-ingénieurs regardent le réchauffement climatique : « *un problème d'ingénierie qui requiert des solutions d'ingénierie* ». Cette citation n'est pas de n'importe qui ; mais de Rex Tillerson, ingénieur, ex-PDG d'ExxonMobil et ancien secrétaire d'État de Donald Trump ! De quoi justifier toutes sortes de manipulations à grande échelle des systèmes naturels.

Descartes, cet enfoiré, nous a jetés hors de la nature. Depuis, nous

Introduction à ne pas zapper

croyons pouvoir tuer le temps, la faim, l'effort, la souffrance, la mort même ! Jusqu'au point de croire que nous avons été façonnés par un Dieu ingénieur. Alors que nous sommes, avant tout, le fruit du hasard. Oui je sais, je viens de brasser 2000 ans de théologie et de philosophie en 2 lignes. Encore plus fort que Ridley Scott !

3-Le mythe d'une énergie infiniment abondante et pô chère.

La civilisation techno-industrielle est un tigre de papier à cigarette. Et nous, des junkies accros aux énergies NON-renouvelables (combustibles fossiles et métaux rares).

Imaginez un instant que l'électricité se coupe dans votre ville ? Combien de temps tiendrez-vous, sachant que la pompe qui amène l'eau à votre robinet est H.S, ainsi que vos frigo, chaudière, box wifi, four, lampes, ascenseur, portes...

L'interdépendance et la fragilité de chaque rouage de nos systèmes complexes, condamnent les décideurs publics – dépassés par l'ampleur des enjeux – à se hâter lentement pour maintenir le *statu quo*. Il faut que « *tout change pour que rien ne change* ».

La méthode pour gouverner les hommes est toujours la même, quelle que soit la civilisation, l'époque ou le régime. L'humanité est incapable de changer, à moins d'y être contrainte par la force des choses : la chute d'un pont, la pandémie mondiale, la fin du monde.

C'est exactement comme la vaisselle et moi : je procrastine et les assiettes s'empilent. Ça me démotive, et la pile s'élève. Toujours plus instable. Jusqu'au *collapse* dans mon évier...

Le problème du nucléaire n'est pas celui que vous croyez.

On reproche aux centrales nucléaires d'être coûteuses, polluantes et dangereuses. Mais, la plupart des experts écartent ces reproches d'un dédaigneux revers de main. Pourquoi ? Parce qu'une centrale nucléaire fera toujours mieux qu'une centrale à charbon. Et ils ont raison. Non, le problème du nucléaire n'est pas technique. Il est politique. Car le nucléaire c'est <u>la meilleure excuse pour NE PAS engager la réduction de consommation énergétique nécessaire au passage à un mode de vie « soutenable »</u>. Le nucléaire, c'est le filet de sécurité qui nous empêche de nous lancer à fond dans la transition. N'oubliez jamais : la seule énergie propre, c'est celle qui n'est pas consommée !

Prêts pour l'effondrement

Paris, 2050, + 2°C
La fonte... du bitume des Champs Élysées

Attention : *nous ne sommes pas dans un texte d'anticipation. Ceci est un récit prospectif. Il est basé sur des faits réels, déjà constatés en 2020, mais dans une moindre gravité. Il prend appui sur un des scénarios les plus optimistes retenus par le GIEC – celui d'une hausse de 2°C des températures – et s'inspire des travaux du projet Deux Degrés mené par les étudiants de l'école Boulle, ainsi que des travaux du cabinet Carbone 4, spécialisé en stratégie bas carbone et adaptation au changement climatique.*

À quoi ressemblent les étés parisiens en 2040-2050 ? À ceux que vivent, aujourd'hui, les habitants d'Andalousie, à la pointe sud de l'Espagne : 40 jours de canicule par an (contre 7 actuellement) avec des pics à 50°C.

L'été, Paris vit au ralenti. La journée, les habitants sont confinés. Ils subissent des restrictions d'électricité et d'eau. Sans clim, les centres commerciaux ferment, les S.U.V électriques restent au garage et les télétravailleurs n'ont plus de réseau.

Le canal de l'Ourcq a débordé, des rizières recouvrent le 12è arrondissement. À Barbès, on sert des kebabs aux cigales sauce blanche. Et la bibliothèque François Mitterrand a été transformée en centrale hydroélectrique.

Se déplacer en région parisienne devient difficile : la chaleur fait fondre le bitume par endroits et déforme les rails de trains. Des stations de métro sont inondées. Les aéroports sont partiellement fermés. Le tourisme et la consommation de loisirs gastro-festifs s'effondrent... et avec eux, la vie culturelle parisienne.

Les hôpitaux sont surchargés de patients souffrant de la chaleur, ou atteints de maladies tropicales véhiculées par les moustiques (dengue, zika, chikungunya) ou, encore, de la maladie de Lyme causée par la prolifération des tiques.

Aux portes de Paris, on croise des bidonvilles où s'entassent des réfugiés climatiques venus de Toulouse, d'Alsace et de Tunisie, fuyant les sécheresses, les guerres de l'eau et les émeutes de la faim.

Autour de Paris, jusqu'en Normandie, le rendement des exploitations agricoles est pratiquement divisé par deux.

Des feux de forêts se déclarent du côté de Fontainebleau.

On craint de graves pénuries alimentaires.

Introduction à ne pas zapper

POUR UN EFFONDREMENT CHOISI ET NON SUBI !

Ceux[6] qui reprochent aux collapsos de dépolitiser l'écologie – voire d'user d'une dialectique thatcherienne – en affirmant qu'il n'y a pas d'alternative à l'effondrement, n'ont rien compris au schmilblick.

C'est pourtant simple. Selon les préconisations du Donella Meadows Project ou du GIEC, deux chemins s'offrent à nous.

Le premier nous conduit à diviser par 3 notre consommation (au sens large), afin de réduire nos émissions de gaz à effets de serre. Une solution aussi violente pour nos économies qu'un « confinement serré » de plusieurs mois.

Le second conduit au scénario d'auto-destruction que je décris dans le dernier paragraphe de la **page 16**. Je vous laisse une minute pour le relire.

Or, que l'on choisisse l'un ou l'autre de ces scénarios cela nous conduira inéluctablement à la fin du monde tel qu'on le connaît.

C'est-à-dire à la fin de ce système économique globalisé et du mode de vie techno-industriel qui va avec.

<u>Dans tous les cas, c'est l'effon-dre-ment</u>. Il n'y a pas d'échappatoire. On n'y coupera pas.

Le nier en fabriquant des fusées pour Mars, des bidules pour manipuler le climat, en imaginant des futurs désirables ou en s'enfermant dans des dystopies flippantes, c'est de la connerie en bidons de 5 litres.

Pour autant, nous avons encore le choix. Le choix entre un effondrement subi, et un effondrement choisi.

Et le simple fait que vous choisissiez l'effondrement est un choix politique. Un sacré choix politique, même ! Celui de transformer le système « par le bas », en changeant de mode de vie.

Un choix aussi fort – si ce n'est plus fort – que celui de changer le système « par le haut », en remplaçant ses *leaders* ou en manifestant contre eux.

Ce choix est pour moi un signe d'espoir. L'espoir que l'effondrement se transforme en basculement.

---

6   Catherine et Raphaël Larrère, Renaud Garcia, etc...

Redéfinir le progrès à l'aune de l'effondrement

La révolution industrielle a offert à l'humanité les moyens de réaliser ce que Hegel, puis Marx, définissent comme la « vocation de l'Homme » : détruire le naturel pour refaire le monde à son image.

Dans le même temps, le capitalisme a permis de cacher notre inextinguible soif d'enrichissement sous le vernis du progrès, érigé, comme l'explique Max Weber, au rang de dogme. Mais de quel progrès parlons-nous ? Du rêve cartésien de "vivre plus longtemps et en bonne santé" ? Ou du désir irrépressible de cumuler toujours plus de richesses, de gadgets, de bouffe... ? Un désir transformé, par les économistes, en objectif chiffré : le Produit Intérieur Brut, boussole unique et absolue du progrès.

« Croissons-nous ? », s'interroge le pouvoir. Et à tous ceux qui contestent ce dogme, le "progressiste" (autre nom du capitaliste) rétorque : « *saviez-vous que le Français moyen peut désormais acheter 6 fois plus de biens qu'à la fin XIXe siècle et que son espérance de vie a gagné près de 30 années ? Saviez-vous que ces interdépendances commerciales nous assurent aujourd'hui la paix mondiale !?* » Que répondre à cela... Si ce n'est que ces progrès et ces enrichissements ne vont pas sans créer de nouveaux maux, comme l'expliquait, dès 1986, Ulrich Beck dans La société du risque.

Des maux que nous avons choisi de nier, en adoptant une vision anthropocentrée du monde. Une vision, où, comme l'explique Joseph Stiglitz, la Nature est devenue notre « réservoir d'utilités ». Les sociétés capitalistes ont ainsi détourné le regard des périls qui s'accumulaient. Le monde que dépeignent les progressistes, c'est le portrait de Dorian Gray.

Mais comment leur faire comprendre que l'ère du progrès touche à sa fin ? Comment donner la priorité aux activités qui prennent soin de l'environnement ? Comment passer d'une logique de multiplication des opportunités à la soustraction des possibles ? Certains veulent remplacer le PIB par un « indicateur de vie longue et heureuse », d'autres veulent inclure les « dégradations du capital naturel et humain » comme une charge dans les normes comptables internationales. D'autres tentent une échappée par les cabanes.

Et moi ? J'ai commencé par m'imposer cette règle, édictée par Hans Jonas dans Le Principe Responsabilité : « Agis de façon que les effets de ton action soient compatibles avec la permanence d'une vie authentiquement humaine sur terre ».

Introduction à ne pas zapper

Dans l'imaginaire collectif, l'effondrement ressemble à ce que le *french buddhist* Matthieu Ricard décrit dans son *Plaidoyer pour l'altruisme* (2013) : la mort de milliards d'humains, noyés par la montée des eaux, fauchés par une tornade, décimés par une épidémie globale, sinistrés par les accidents industriels, ruinés par les cyber-attaques, épuisés par l'exode climatique, affamés par les pénuries ou bombardés lors de guerres de territoire. Ambiance, ambiance !

Mais, j'ai l'espoir que l'effondrement ressemblera davantage à l'écroulement d'une ruine abandonnée. Je ne crois pas au châtiment divin, ni à un événement systémique brutal. J'espère que la peur de l'effondrement sauvera l'humanité.

Je vois le *collapse* (que l'on peut traduire par effondrement OU écroulement) comme une « *fiction utile* » (magnifique expression du philosophe Hans Jonas). Une fiction destinée à nous faire prendre conscience de l'urgence du danger.

Je parie qu'au final, seul notre mode de vie actuel périra. Et que la prise de conscience de la fragilité du monde sera la base d'une nouvelle civilisation.

J'ai la conviction qu'une majeure partie de l'humanité aura bientôt basculé vers un nouveau mode de vie, capable de résister aux inévitables krachs financiers, Ragnaröks sociaux, *blackouts* énergétiques, grandes sécheresses, pénuries et migrations climatiques.

Pour faire court : ça va chier dans le ventilo ! (comme disent les survivalistes bunkerisés)... Mais, ça va quand-même bien se passer. Foi de transitionneur-permaculteur en sabots de cuir végétal.

Alors, c'est quoi, au juste, le basculement ?

Prenons un exemple. Disons qu'aujourd'hui, votre vie fonctionne comme une cafetière électrique à dosettes type *What Else ?* Eh bien, demain, elle ressemblera à une cafetière italienne Moka de Bialetti qui fume sur un poêle à bois. Voilà. Le basculement, c'est le passage, plus ou moins brutal, de la complexité à la simplicité.

Ce basculement intervient quand une majorité de la population d'un territoire atteint l'autonomie alimentaire, énergétique, sécuritaire et sanitaire. Quand elle se place hors du système techno-industriel.

C'est la multiplication de ces « communautés autonomes » qui conduira à l'effondrement de ce *f*cking* système sur lui-même.

Prêts pour l'effondrement

UN GUIDE POUR CHANGER DE MONDE, AVANT DE CHANGER LE MONDE.

Un jour, vous apprenez que l'eau de votre robinet est hautement toxique. Que faites-vous ? Un procès au distributeur d'eau ? Ou vous partez en quête d'une autre source d'eau potable ? Les deux ? Ok. Mais quelle sera votre priorité ? Vous me suivez ?

Changez de *monde*, avant de changer le *monde*.

Selon un vieux dicton, « *quand souffle le vent du changement, certains construisent des murs, d'autres des moulins* ». Moi, j'me bricole une grand-voile.

Nous sommes à la fin de la civilisation industrielle telle qu'on la connaît. Mais, tant qu'il sera possible de s'offrir un week-end pô cher à Barcelone en EasyJet, la majorité de la population continuera d'en profiter.

Le cerveau d'*homo sapiens* est ainsi fait : tant qu'il ne voit pas la mort en face, il ne réagit pas. Il ne parvient pas à toucher du doigt sa propre finitude. Sébastien Bohler en fait l'admirable démonstration dans son livre *Le Bug humain* (2019) – même si sa théorie est désormais contestée par des chercheurs comme Thibault Gardette.

Et puis, comme l'individu a beaucoup de mal à respecter des règles dont il ne voit pas l'utilité, ni à comprendre ce qu'il n'a jamais expérimenté, il s'invente des légendes, des mythologies, des fictions. L'humanité, explique l'historien Yuval Noah Harari, vit ainsi dans une « double réalité », à la fois objective et imaginaire. Ces légendes nous persuadent que notre fin sera plus spectaculaire, violente et définitive que celle d'aucune autre civilisation.

On se convainc que le collapse ressemblera à l'apocalypse, à un cataclysme cosmique, au Ragnarök nordique, à un exode spatial façon Interstellar, à un monde où on s'entretue pour un paquet de farfalles, à un big one de tsunamis, de guerres et de virus zombies.

Heureusement, les effondrements des civilisations du passé sont bien plus complexes que ces scénarios trop *best-sellers* pour être vrais (à l'instar des thèses du démographe Jared Diamond).

Dans la réalité, l'humanité et « le système » s'adaptent : après le déni, l'immobilisme et la panique; on agit. Il faudra donc être un peu plus créatif qu'Hollywood et Netflix pour imaginer un autre récit.

Introduction à ne pas zapper

À quoi ressemblera le « monde d'après » ?

Je n'ai absolument aucune idée de ce que sera le monde dans 20 ans. Mais je sais *« qu'on ne résout pas un problème avec les modes de pensée qui l'ont engendré »* (merci Albert Einstein). Il va donc falloir réfléchir out of the box ! À nous d'imaginer un futur alternatif. Une façon de *bien* vivre ensemble, avec un stock limité de ressources.

Actuellement, la réaction du système techno-industriel face aux crises est une recherche frénétique de solutions technologiques. Un virus ? Un vaccin ! De la délinquance ? Des caméras de surveillance ! La pollution ? Des tours de captage du CO^2 !

On se désintéresse des causes profondes de ces crises. Ce ne sont que des *besoins*, auxquels le marché offre une *solution*… qui, elle-même, provoquera de nouveaux problèmes.

Par exemple : comment trouver une énergie verte et fiable ? Solution : construisons une centrale nucléaire. Problème : où enfouir les déchets radioactifs ? Solution : créer de grands coffres sous-terrains. Problème : ces coffres fuient et polluent le sous-sol. Solution… C'est sans fin, pour le plus grand bonheur des industriels qui auront toujours quelque chose à nous vendre.

C'est connu, le soin est toujours plus rentable que la prévention.

Demain ? J'imagine un monde privé des solutions de facilité. Une économie « désintoxiquée de la croissance »[7] et de la course à l'innovation. Une société fondée sur la cohabitation entre l'homme et la nature (je sais, ça fait bisounours radical, mais j'assume).

Un mode de vie fondé sur la simplicité volontaire, la sobriété joyeuse, la coopération bienveillante, le survivalisme-doux, une sécurité autogérée, l'autonomie inclusive, la démocratie directe, la modération festive, l'entraide conviviale, l'inconfort moelleux, la frugalité gourmande, *and so on…*

Bref : je suis à fond pour vous proposer des idées neuves et des destins-festins alternatifs, aussi crédibles et tangibles, qu'exaltants !

---

7   Gilbert Rist, *Le développement. Histoire d'une croyance occidentale*, 1ère éd. 2007

Le revivalisme, ou la vie rustique-geek

Parmi ces idées neuves, il y a le « revivalisme » : l'art de conjuguer des savoir-faire oubliés avec des innovations contemporaines, pour atteindre l'autonomie véritable.

L'art de conjuguer la vie au futur antérieur. Je sais, c'est beau.

Dans ce guide, je tenterai de tracer les contours d'une société techno-bucolique, bien loin du cauchemar moyenâgeux auquel certains se destinent, dans leurs *bunkers*.

Une société pré-industrielle ; mais pas préhistorique ! Une société « artisanaturelle » (je sais, peux mieux faire pour le néologisme).

Une société où l'on ne passe plus son temps à gagner de l'argent. Une société où votre job actuel a certainement disparu (bon, est-ce si grave que ça, hum ?) ; mais où chaque job est utile. Une société où un smartphone est aussi rare et kitch qu'une calèche en 2020... et où une calèche est aussi commune qu'un scooter en 2020. Une société organisée autour de petites communautés, administrées par une démocratie plus ou moins participative.

Attention : ce bouquin n'est pas un manuel de pensée positive qui va vous masser la nuque en marmonnant des citations méditatives, ni un débat entre optimistes et pessimistes.

C'est, avant tout, un guide de préparation, autant matérielle que psychologique, aux énormes changements que nous devons réaliser dans le temps qui nous reste.

Un guide pour faire ses choix et ne pas subir.

Voyez-le comme un recueil des gestes et comportements qui ont permis à notre espèce de perdurer et qui nous permettront de survivre. Un florilège de solutions simples, *low-tech* et efficaces.

Un stock de connaissances et d'informations. Un manuel de résilience active. Un wiki.

À vous qui ne savez pas faire pousser des légumes, chauffer l'eau sans électricité nucléaire, ni repriser des chaussettes, je dis : séchez vos larmes et mouchez-vous ! Ce guide est là pour vous.

À vous qui cultivez votre potager, chauffez votre maison grâce à un combo solaire-biomasse et passez vos soirées à repriser vos chaussettes, je dis : ne soyez pas blasés. Il vous reste encore une pelletée de choses à apprendre. Et elles sont peut-être dans ce guide.

Introduction à ne pas zapper

« Ne doutez jamais qu'un petit groupe d'individus conscients et engagés puisse changer le monde. C'est même de cette façon que cela s'est toujours produit », écrivait l'anthropologue Margaret Mead. Ce petit groupe, chers lecteurs, c'est vous ! (Mais ce n'est pas une raison, pour commencer à vous la péter !)

Avertissement : faut pas prendre les collapsonautes pour des anars sauvages !

Prendre ce modèle "revivaliste" pour un délire hippie, un rêve bucolique et un paradis artificiel où tout le monde il sent bon et tout le monde il est gentil... serait une erreur.

J'entends ce que certains effondristes pensent tout bas : *"Ce que nous avons échoué à réaliser – tuer l'État – la nature le fera pour nous, niark niark."*

Mais je ne suis pas un anarchiste nudiste du XIXe, façon *sturm und drang*. Je sais que l'effondrement sera aussi – et surtout – celui des États. Et que, sans État : plus de police, de justice, ni d'armée. Sans État, nous devrons assurer notre sécurité intérieure et extérieure nous-même. Et cela ne sera pas chose aisée : quelques-uns chercheront toujours à posséder ce qui appartient à tous les autres.
Je sais que l'homme reste le pire ennemi de sa propre espèce (merci Thomas Hobbes). Ce n'est pas pour rien que nous en sommes là aujourd'hui.

Certains viendront mendier, d'autres v(i)oler. Devrons-nous construire des murs autour de nos villages ? Ériger des châteaux forts ? Nous armer jusqu'aux dents ? Comment gouverner et contrôler les pulsions violentes de certains individus ? Comment juger, surveiller et punir en temps d'effondrement ?

J'ai tenté, dans ces pages, d'ouvrir des pistes de réponses à ces questions fondamentales, dans l'attente de prochains livres de ma collection... on se tient au jus !

Prêts pour l'effondrement

Quel·le effondré·e êtes-vous ?
LE COLLAPSO-TEST

Cochez la case si votre réponse à la question est OUI

Quand on vous demande ce que vous voulez pour Noël, vous répondez : des solutions… et une bonne paire de chaussettes !	
Une dispute s'engage entre écolos et gilets jaunes. Vous tentez de les raisonner avec le slogan « *fin du mois, fin du monde, même combat* ».	
Vous ne rateriez votre séance de médiation pour rien au monde.	
L'état de vos mains et de vos ongles atteste d'une profonde connexion avec la nature.	
Ouvrez les placards de votre cuisine : ici, rien (ou presque) n'est sorti d'un supermarché.	
Sur les réseaux sociaux, vous suivez plusieurs comptes collapso, dont celui d'@escapethecityyy (et on vous en remercie).	
La quête de l'autonomie énergétique est devenue une sorte de hobby : vous courrez les salons et conférences, priez Saint Jancovici…	
Vous transformez votre colère en actions revendicatrices non violentes menées dans une ambiance lacrymogène.	
Marcher dans un centre commercial pendant plus de 20 minutes peut vous mener au bord de la folie.	
Quand on vous dit "transition écologique" ou "croissance verte", vous sortez votre tomahawk.	
Votre potichien… c'est votre vrai copaing !	
Certes, en matière d'écologie, chaque geste compte. Mais on ne peut pas se contenter de petits pas !	
En cas de coupures d'eau et d'électricité… Bah, vous ne vous en rendrez même pas compte, en fait !	

Introduction à ne pas zapper

Quel·le effondré·e êtes-vous ?
Résultats du test

Moins de 6 cases cochées : vous êtes un rabhiguineur.

Inspiré par les douces paroles de Pierre Rahbi, vous jouez les colibris, changez de mode de vie, entamez une transition heureuse... Ouais, mais bon, un jour faudra bien se sortir la grelinette du c... ! Ok, ok, je me calme.

Entre 6 et 10 cases cochées : vous êtes un permacoolteur.

À force de lutter contre les moulins à vent, d'avaler des couleuvres plus grandes qu'un ours polaire, vous avez un peu craqué et fui dans votre bastion campagnard. De là, vous cultivez votre jardin et vos relations de voisinage, dans une ambiance sympatoche. Mais combien de temps cette *peace & love story* va-t'elle durer ?

Plus de 10 cases cochées : vous êtes un collapsévangéliste.

L'effondrement, vous l'attendez de pied ferme, arc en bandoulière ! Et vous ne perdez pas un instant pour essayer d'éveiller les consciences !

Reconnaître les signes d'effondrement

Au ciné, les cataclysmes arrivent sans crier gare, sous la forme d'une soucoupe volante, d'un *big-one* ou d'un marshmallow géant. Et c'est la panique. Dans la vraie vie, les crises majeures prennent plusieurs mois, années, voire décennies pour atteindre leur *climax*. Mais comment les reconnaître et les anticiper ?

La citation qui tue : « L'homme, par son égoïsme trop peu clairvoyant pour ses propres intérêts, par son penchant à jouir de tout ce qui est à sa disposition, en un mot par son insouciance pour l'avenir et pour ses semblables, semble travailler à l'anéantissement de ses moyens de conservation et à la destruction même de sa propre espèce. »

Jean-Baptiste de Monet de Lamarck, 1820.

Une idée confirmée par les historiens, notamment l'anglais Arnold Toynbee, selon qui « *les civilisations meurent par suicide et non par meurtre* ».

LE SYNDROME DE LA GRENOUILLE QUI BOUILLE

Il est probable que la fin de notre monde ressemble à une lente agonie (qui a déjà débuté). Le problème : nous sommes comme une grenouille qui nage dans une eau chauffée à feu doux. On ne s'aperçoit de rien. L'eau devient tiède ? Certes, mais ça n'empêche pas de nager. L'eau est chaude ? On commence à s'inquiéter. Et au moment où l'on comprend que l'eau va bouillir... la grenouille est déjà cuite.

Moralité : les changements lents échappent généralement à notre conscience et ne suscitent aucune réaction de notre part.

> « Il faut se résigner à l'inévitable : toutes ces ruines sont la rançon du progrès. »
>
> Joseph de L'Hôpital,
> dans *Ceux de Normandie*, 1911

Dessine-moi une boucle de rétroaction positive

L'histoire de la chute des civilisations (romaine, maya, haumaka de l'île de Pâques, ottomane...) montre qu'un effondrement systémique exige la conjugaison de plusieurs facteurs. « *Jamais les civilisations ne meurent d'une seule cause, mais toujours de la combinaison de plusieurs* », écrit le philosophe Roger-Pol Droit. Une crise économique ne suffira donc pas à provoquer un effondrement global. Elle devra se cumuler avec d'autres crises. D'ailleurs, ce qui distingue une simple crise d'un véritable effondrement est ce que Dennis Meadows nomme une « boucle de rétroaction positive ». Une sorte de cercle vicieux où une crise en engendre une autre, qui en provoque une troisième. Un effet domino conjugué à un effet boule de neige qui crée un emballement. En résumé, ça chie dans un ventilo qui tourne de plus en plus vite. Et bon appétit, bien sûr !

ANATOMIE DU SYSTÈME TECHNO-INDUSTRIEL

Bon, l'effondrement par-ci, l'effondrement par-là... mais concrètement, c'est quoi l'effondrement ? **Voici ma théorie.**

Le système techno-industriel dans lequel nous vivons repose sur quatre piliers fêlés.

1-**Les ressources naturelles** (climat, biodiversité, sols, réserves d'énergies fossiles...),

2-**Le système bancaire** (ou « capitalisme financier » pour les camarades anticapitalistes),

3-**L'État de droit** (censé protéger le citoyen de la loi du plus fort),

4-**Les réseaux** (eau, électricité, essence, transports, services publics, retrait des déchets, commerces de proximité, etc...).

Je vous l'accorde, ce portrait du système est très imparfait. Mais il permet de comprendre comment s'enclenche le mécanisme de l'effondrement. Tic-tac-tic-tac.

Imaginez un toit posé sur 4 piliers. Il suffit que certains tombent, et c'est l'effondrement. Le collapse est donc une conjonction de crises économiques, politiques, environnementales et infrastructurelles.

Cependant, ces crises n'ont pas la même temporalité. Le passage d'une république démocratique à un État autoritaire au service d'une oligarchie, peut être l'affaire d'une journée (coup d'État, révolution...) ou d'un siècle de lents glissements (suivez mon regard).

De même, le système bancaire peut s'effondrer en une nuit, comme survivre, sous perfusion d'argent magique (re-suivez mon regard).

Certains expliquent que le *peak oil* (moment où le stock de pétrole commencera à s'épuiser) est pour 2030... d'autres qu'il a déjà eu lieu, ou croient que des énergies fossiles alternatives vont les remplacer (pétrole profonds, gaz de schiste...).

Voilà pourquoi la collapsologie relève plus de l'intuition que d'autre chose. La collapso, science ou religion ? Vous avez 4 heures.

De l'effritement, à l'effondrement

Aux moqueurs ou survivalistes qui parlent du collapse comme d'une apocalypse nucléaro-zombiesque, je réponds toujours que l'effondrement est une lente agonie qui a déjà commencé. Puis, je leur demande de voir, dans l'actualité, les signaux faibles (ou fiables) d'une mosaïque d'effritements et d'effondrements, qui évoluent, au gré des situations régionales.

Mais comment distinguer l'effondrement d'une bonne grosse crise ? En faisant attention à deux phénomènes : le krach monétaire et le *débranchement*.

1-Le krach monétaire

Jusqu'ici, on a de la chance. États et banquiers se tiennent par la barbichette. Les dettes colossales des uns sont des produits financiers très rentables pour les autres.

Le *process* est simple : les banques centrales prêtent aux banques privées, qui prêtent aux États. Ici, l'important n'est pas de récupérer le capital, mais juste d'attendre que les intérêts tombent. Tant que les taux d'intérêts sont proches de zéro, le « quoi qu'il en coûte » ne coûte finalement... presque rien ! Dans ce petit manège, nul n'a envie qu'un krach monétaire emporte tout le monde avec lui. Certes, il y aura des ajustements brutaux (chute du dollar par-ci, tensions sur l'euro par-là). Mais rien de grave.

En revanche, si l'Euro meurt et que l'Europe retourne aux monnaies nationales... Là, ce sera *game over*. Car la confiance de nos créanciers – et des créanciers de nos créanciers – repose principalement sur la stabilité monétaire. Tant que les banques centrales restent indépendantes du pouvoir politique et font de la lutte contre l'inflation l'alpha et l'oméga de leur doctrine, le « prix des créances » sera stable.

Et le système pourra continuer à vendre et acheter de la dette publique, comme on échange des actions.

Mais un retour au franc foutrait tout par terre ! Une Banque de France affidée à un pouvoir politique « de gauche » aurait vite fait de décider d'une dévaluation compétitive qui ferait fondre la valeurs des créances comme neige au soleil. Si 1 000 ne vaut plus que 100... vous venez de perdre 90 % de votre butin ! Et ce d'un simple décret ! La hantise du rentier, le fantasme du surendetté mélenchoniste.

Bref, tant qu'€ et $ resteront des monnaies-produits entre les mains de banques centrales *orthodoxes* (pro-banques), tout ira bien. Dès qu'elles redeviendront les outils de politiques publiques, entre les mains de gouvernements élus, le système financier n'hésitera pas à lâcher, puis à lyncher ses débiteurs. C'est-à-dire... nous !

2-Le débranchement

Le collapse va débrancher notre société des robinets d'essence, d'électricité et de crédit. Pour parler *geek* : le *download* de l'effondrement sera *100 % completed*, quand plus personne ne viendra changer la carte mère de votre pompe à chaleur. Le collapse, c'est quand vous pleurerez devant votre Visa, comme vous le faites aujourd'hui devant un coffret K7 de l'intégrale de Nirvana, encore sous blister. Si tu n'as rien compris à cette métaphore, laisse bé-ton.

S'il n'est pas anticipé, ce débranchement aura des conséquences désastreuses. Notamment des pénuries de biens essentiels (eau, médicaments, nourriture...) que les États tenteront de rationner, jusqu'à ce qu'ils soient trop faibles pour contrôler cette « économie de guerre ».

Nous serons alors en présence d'États faillis, tels que l'ex-URSS, la Syrie ou le Soudan. Dans ces conditions, les élites, mieux informées et organisées, fuiront pour préserver leurs conditions de vie.

Et, pour la majorité de la population, totalement dépendante de services extérieurs pour accéder à l'eau et à la nourriture, la crise sera ultra-violente.

Faut-il en vouloir à nos dirigeants ?

L'immobilisme écologique de nos décideurs politiques est une grande source de frustrations. Pour autant, on ne peut leur reprocher de préférer le *greenwashing* à la mise en application d'un programme de déconsommation générale et immédiate... Pourquoi ? Parce qu'il aboutira à une paupérisation profonde de leur population, dont le confort, les revenus et la valeur du patrimoine s'effondreront.

Aucun candidat ne sera jamais élu avec un projet aussi radical, qui déboucherait probablement sur une guerre civile.

Selon moi, le traitement de choc qui s'impose ne peut être mis en œuvre par un État démocratique (pour autant je ne crois pas en l'avènement d'un Hitler vert).

Nos dirigeants sont donc condamnés aux réformettes, au gentil mensonge de la croissance verte (pléonasme), et autres faux semblants. Alors ne perdez pas trop votre temps à manifester. Allez, en priorité, vers le concret et rejoignez des associations *actives* (AMAP, potagers partagés, lobbies écolos ou ONG de juristes, médias alternatifs, ressourceries, ateliers de réparation d'électroménager ou de construction de meubles, etc...).

Reconnaître les signes d'effondrement

L'effondrement sonnera-t-il le retour des féodalités et de l'esclavagisme ?

L'histoire montre qu'il n'existe pas d'enrichissement des uns, sans exploitation des autres. Longtemps, les esclaves furent humains. Mais la modernité technologique nous a offert des esclaves énergétiques (voiture, machine à laver, chauffage...).
Cependant, l'esclavage humain n'a jamais cessé. La mondialisation l'a simplement déplacé loin, hors de la vue des occidentaux (pêcheurs thaïlandais, enfants du Bengladesh, Ouïgours...).
Qu'adviendra-t-il de nos sociétés, si l'effondrement nous prive de ces esclaves mécaniques et de ceux du bout du monde ? Comment éviter un retour aux pratiques de soumission par la violence, de vandalisme, d'impôt du sang et de tributs confiscatoires qui ont toujours accompagné les sociétés humaines, depuis les empires de l'Antiquité jusqu'aux mafias modernes ?
Est-il utopique de croire que nous pourrons maintenir une société où les hommes naissent libres et égaux en droit, alors que tous les cadres et toutes les institutions chargés de faire respecter ce principe auront disparu ?
Je n'ai pas (encore) de réponse à cette question.
Mais je sais que le contrat social qui fonde notre société (relativement) pacifiée est assis sur notre peur d'être violemment assassinés par nos voisin jaloux de nos stocks de conserves. *Big up* Jean-Jacques Rousseau.
Je sais aussi que les femmes et les hommes libres sauront défendre leur liberté, armes à la main, et au prix de leur vie.

LA LIBERTAD O LA MUERTE, COMPAÑEROS !

Prêts pour l'effondrement

Si nous sommes déjà entrés dans le dur du collapse et que vous lisez ce livre à la lueur d'une bougie, vous pouvez passer directement à la partie pratique, **PAGE 107.**

Si rien n'est encore joué, laissez-moi vous présenter mon collapsomètre-effondrographe.

Vous pouvez le photocopier et le coller sur votre frigo sous un *magnet* décapsuleur, afin d'en cocher les cases au fur et à mesure. Un peu comme un calendrier de l'avent-effondrement !

Une adaptation collapso de la fameuse « horloge de l'apocalypse », bloquée à minuit moins cinq depuis 70 ans.

Comme son modèle, mon effondrographe regroupe les *early warming signals* (EWS) ou « signes avant-coureurs » de l'effondrement.

Par contre, il n'inclut pas les *black swans* ni les *green swans*. Des événements improbables aux conséquences dévastatrices (explosion dans le port de Beyrouth, attentat sur une centrale nucléaire, méga-feux ou Covid-19). On ne peut pas tout prévoir non plus.

LE COLLAPSOMÈTRE-EFFONDROGRAPHE

PREMIER PILIER : LES RESSOURCES NATURELLES	
Hausse sensible et continue des prix du blé et du riz.	
Exodes massifs de populations fuyant les catastrophes naturelles.	
Hausse sensible et continue du prix du pétrole.	
Hausse exponentielle des populations d'animaux nuisibles.	
Famines dans les villes, exodes urbains massifs.	
SECOND PILIER : LE SYSTÈME BANCAIRE	
Krach bancaire, faillite de banques privées.	
Réduction drastique des prêts bancaires aux particuliers, entreprises et aux États (ou forte hausse des taux d'intérêts).	
Crise de la monnaie, hyperinflation et développement d'un marché noir dans une monnaie alternative.	
TROISIÈME PILIER : L'ÉTAT DE DROIT	
Les forces de l'ordre sont hors de contrôle.	
Faillite d'associations caritatives, faute de subventions publiques.	
Corruption massive des dirigeants politiques.	
Démantèlement de la protection sociale, à l'avantage des rentiers.	
QUATRIÈME PILIER : LES RÉSEAUX	
Coupures d'eau et d'électricité : ils ne sont plus acheminés par des organismes publics et leur accès devient coûteux.	
L'accès aux soins médicaux devient un luxe ruineux.	
L'avion et le train deviennent des transports de luxe.	
Multiplication de « guerres climatiques » (froides ou chaudes) pour accéder à l'eau potable et aux hydrocarbures.	

Quel scénario post-effondrement ?
Mad Max VS La petite maison dans la prairie...

Apocalypse ou paradis, quel sera le scénar du turfu ? Qui croire ? Le survivaliste à mitraillette ou le permaculteur à grelinette ? Et si la vérité était ailleurs, hors de ce duel un peu trop manichéen ?

Aventure bucolique, agonie mélancolique, furie cyberpunk… À quoi ressemblera l'effondrement ? En voici plusieurs définitions.

Primo, la chiante : « *le processus à l'issue duquel les besoins de base (eau, alimentation, logement, habillement, énergie, etc.) ne sont plus fournis à coût raisonnable, à une majorité de la population par des services encadrés par la loi.* » Signé Yves Cochet, ancien ministre de l'Environnement et président de l'Institut Momentum.

Deuzio, la version Mad Max : « *L'effondrement est le moment où les lois humaines sont remplacées par les lois naturelles.* » Par l'essayiste Vincent Mignerot, fondateur du Comité Adrastia.

Il y a aussi la version philo, par l'ingénieur en aérospatiale Arthur Keller : « *C'est le passage d'un état d'hétéronomie à un état d'autonomie.* » Je sais, ça pique un peu…

Enfin, la mienne : on passe des années 2000 à 1900 en quelques décennies. Un basculement, plus ou moins brutal, d'une société complexe à une société simple. *Bye, bye* la croissance, la conso, la finance et la chaudière à mazout.

À cet instant, certaines nations sombreront dans le chaos et d'autres entreront en résilience. Certains peuples s'entretueront (scénario *Mad Max*), quand d'autres s'entraideront (scénario *La petite maison dans la prairie*).

MAD MAX À BICYCLETTE

Sorti en 1974, ce road movie apocalyptique du réalisateur australien George Miller met en scène un cowboy nihilisto-badass prêt à tout pour venger sa famille, massacrée par une horde de punks païens attifés comme des Sioux et sexuellement dégénérés (bonjour le racisme ultraconservateur).

Quel scénario post-effondrement ?

Ici, la loi du plus fort déchaîne la violence. Dans sa quête, notre rônin du désert va prêter main forte à de frêles villageois babacools désarmés, planqués sur un puits de pétrole.

Une chose rend ce scénario irréaliste : dans ce monde de brutes, sans morale ni honneur, l'important, c'est l'essence et les flingues. Pas l'eau, la bouffe ou les médocs. Normal. Miller a construit son film sur les mythes de la *car culture* australienne, où le pick-up devient une arme fatale, lors de jeux de kamikazes alcoolisés, entre ados à la virilité chancelante.

Dans ma version collapso-réaliste de ce film, Maxou circule à vélo, a troqué son canon scié pour un sabre et vient en aide à des villageois vivant au-dessus d'un puits… d'eau potable. Quant aux hordes barbares, elles existeront probablement, pillant les villages et croisant, de temps en temps, des communautés autonomes qui auront fait le choix de résister.

Des communautés résilientes, qui pourraient bien ressembler au petit village de Walnut Grove, décor de la série préférée de la *Génération X*, j'ai nommé : La Petite Maison dans la Prairie.

LAURA INGALLS FOREVER

Saviez-vous que Laura Ingalls avait vraiment existé (elle est plus connue sous le nom de Laura Wilder) ? Et que la série phare du groupe M6 depuis 40 ans s'inspirait directement de son autobiographie ?

Pour les millenials qui n'auraient pas connu ce monument de la pop culture, LPMDLP* raconte l'histoire de paysans américains de la fin du XIXe (les Ingalls), menés par un patriarche viril mais juste, Charles (joué par Michael Landon). Une série dont le générique niais cache une idéologie éco-libertaire tout à fait compatible avec le collapsonautisme.

Walnut Grove – le nom de ce village que l'on peut traduire par « Le bosquet de noyers » – est l'idéal type d'une communauté résiliente autogérée, où tout fonctionne par l'entraide et le troc. Ici, le seul bandit est un chien (c'est son nom en fait) et il est trop mignon. De plus, le série est très progressiste et féministe, contrairement à ce que l'on pourrait croire.

Pour les boomers, je parle de La Petite Maison Dans La Prairie.

Prêts pour l'effondrement

Car, à Walnut Grove, on respecte les femmes, on ne frappe pas les enfants et les épouses ne sont pas cantonnées au foyer mais travaillent aussi aux champs... Elles sont indépendantes, ambitieuses, éduquées. On est bien loin des images de femmes soumises et/ou prostituées que présentaient les westerns des années 60. Il y a d'ailleurs peu de chance que l'effondrement renforce la société patriarcale... qui sera considérée comme une relique du passé. Il est probable que les acquis féministes obtenus au XXe siècle soient préservés, du moins en France.

De plus, la série se montre ouvertement anti-raciste envers les indiens, comme les noirs (le docteur du patelin est afro-américain), même si Charles Ingalls s'adonne parfois à du *black-face* (grimage en noir) pour divertir ses amis – c'était une autre époque, avant Twitter et tout ça...

Bref, nous sommes ici dans une « fable libertarienne » très proche des idéaux *transitionnistes* : une communauté isolée et pourtant prospère, grâce à un mode de vie solidaire, sobre et éthique. Vivement le collapse, qu'on puisse enfin porter des bretelles sans se faire troller !

Si vous penchez plutôt pour un scénario à la **MAD MAX**, vous pourriez être tenté de vous planquer dans un bunker ou sur une île, de l'autre côté du monde ! **TOURNEZ SVP** pour affronter la dure réalité !

Si vous faites le pari d'un avenir façon **LA PETITE MAISON DANS LA PRAIRIE**, dévalez ce livre jusqu'à la **PAGE 50**, en évitant de vous prendre les pieds dans les herbes hautes !

Quel scénario post-effondrement ?

THERE IS NO PLANET B, NI OASIS BIOPULENTE
LE MYTHE DU BUNKER ISLANDAIS DÉBUNKÉ

D'après le GIEC, le dérèglement climatique va causer des événements météorologiques extrêmes plus fréquents, plus répandus ou plus intenses. Bref, ce qui était jusqu'ici considéré comme exceptionnel deviendra bientôt la norme. Et tout le monde se demande où s'installer pour être hors de danger. Aujourd'hui, nous disposons des données nécessaires pour savoir où NE PAS établir sa base autonome. Quant à savoir où fuir pour éviter le pire... c'est une autre histoire(-géo) !

Là où il NE FAUT PAS aller

En 2020, l'Agence européenne de l'environnement a publié une série de cartes prospectives qui anticipent les conséquences du réchauffement climatique sur le territoire européen d'ici 2100.

D'autres se sont livrés à des travaux similaires à l'échelle mondiale.

C'est le cas de la carte *Flood & firetree* conçue par le développeur Alex Tingle, sur la base de données de la NASA. Aujourd'hui c'est sur le site du projet copernicus.eu que vous trouverez les données les plus à jour.

Ces cartes nous enseignent que :

-**Les villes proches de fleuves** – notamment en Île-de-France, et près de la Seine et de l'Oise – se transformeront en Venise. D'ailleurs, dans toute l'Europe, environ 10 millions de personnes vivant entre zéro et 1 mètre sous la mer seront en difficulté.

-**Les zones côtières** vont connaître de forts risques d'inondations, à la suite de l'élévation du niveau de la mer et la multiplication des tempêtes violentes.

-**La façade atlantique** (Brest, Dieppe, Nantes), les Hauts-de-France (de Calais à Dunkerque), le bassin méditerranéen (de Perpignan à Fos-sur-Mer) et le golfe de Gascogne pourraient subir de sévères sécheresses l'été, puis être gravement inondés l'hiver. Quant au port du Havre, à l'île d'Oléron ou à une partie du Languedoc-Roussillon, ils pourraient devenir inhabitables, car inondés. Il est peut-être encore temps de troquer votre villa au bord de la mer pour une maison reculée dans les terres...

Quel scénario post-effondrement ?

-**Sud-Est et Sud-Ouest** seront de plus en plus chauds et secs, avec des phénomènes de pluies torrentielles provoquant des crues éclairs et des épisodes de canicule sans répit nocturne.

-**Le Centre et les régions forestières** seront menacés par des sécheresses intenses, avec un risque d'incendie multiplié par 10... tout comme la péninsule ibérique (quasiment transformée en désert), la Croatie, la Norvège, la Finlande et la Suède. Oubliez donc votre rêve SantaClausien d'élever des rennes dans un chalet rouge, au bord d'un lac suédois...

Les Hollandais, Noé ou noyés ? La question à 17 millions d'habitants

Avec 1/4 de leur territoire sous le niveau de la mer, les Pays-Bas sont contraints d'innover pour maintenir leurs fameux polders. Forts de leurs 22.500 km de digues et de dix siècles de pratique, ils sont les leaders en la matière. Leur truc : construire avec la nature. À Rotterdam, on trouve une immense barrière anti-tempête dans le port, des parkings inondables, un vaste réseau d'égouts et des *water plaza* (des jardins publics qui se transforment en mini-lacs). Des idées à creuser...

Là où il FAUDRAIT s'installer

En mars 2017, dans une interview à *l'Obs* intitulée « *Les super-riches abandonnent le monde* », le philosophe du *lifestyle* Bruno Latour, avançait la théorie suivante : « *À la fin des années 1970, ou au début des années 1980, les membres les plus astucieux des classes dominantes ont compris que la globalisation n'était pas soutenable écologiquement. Mais,* ajoute-t-il, *au lieu de changer de modèle économique, ils ont décidé de renoncer à l'idée d'un monde commun.* » Autrement dit, « *la classe dominante s'est immunisée contre la question écologique en se coupant du monde.* » Leur monde ne serait plus le nôtre, mais un monde de *gated communities*.

L'essayiste évoque alors un article du *New Yorker* magazine, qui révèle comment les milliardaires achètent des terres et se construisent des abris luxueux en Nouvelle-Zélande, en Terre de feu (Argentine) et au Kamtchatka (Russie), les trois endroits de la planète qui seront les moins touchés par le réchauffement climatique... croient-ils !

Une thèse à l'origine de plusieurs enquêtes révélatrices de la fébrilité des hyper-riches et de leur conscience de l'imminence d'un effondrement écologique et sociétal.

Parmi les principaux signaux faibles d'une « sécession des riches », on trouve l'exil de nombreux *tycoons* de la Silicon Valley sur les terres de Nouvelle-Zélande. Selon Reid Hoffman, fondateur de Linkedin, interviewé par le *New Yorker*, « *plus de 50 % des milliardaires de la Silicon Valley ont acquis 'une assurance apocalypse'* » (comprenez : un bunker en Nouvelle-Zélande).

Tout a commencé lorsque le millionnaire Peter Thiel, cofondateur de Paypal et de Palantir, s'est installé au pays des kiwis (en Nouvelle-Zélande, donc) qu'il surnomme désormais *Utopia*, en référence à l'ouvrage de Thomas More.

Depuis, selon le *Guardian*, « *50 % des entrepreneurs de la tech se sont achetés une propriété en Nouvelle-Zélande ou ailleurs...* »

Parmi eux, on compte Julian Robertson, un superstar trader de 88 ans, toujours PDG d'un fonds d'investissement californien, qui a investi du côté du lac néo-zélandais de Wakatipu et Bill Foley, 76 ans, chairman du fonds Fidelity National Financial Inc., qui a choisi la région du Wairarapa. Le *Guardian* évoque aussi 7 autres pontes de la Silicon Valley installés dans des bunkers blindés, construits à 3 mètres de profondeur sous les vastes prairies néo-zélandaises. Plus au nord, on trouve le ranch du réalisateur de Titanic : James Cameron.

Le *rush* est si grand que le gouvernement néo-zélandais a voté, en juin 2018, une loi interdisant aux étrangers ne possédant pas de titre de séjour d'acheter des biens immobiliers. Les ultra-riches se sont alors empressés de contourner cette règle en « achetant » des titres de séjour de complaisance, contre d'importants investissements dans l'économie locale. *Business as usual !*

Mark Zuckerberg, quant à lui, voit plus grand. Le CEO de Facebook n'a pas rejoint ses copains en Nouvelle-Zélande, mais s'est carrément acheté un ranch dans le pacifique, sur une petite île au large de Hawaï. Il s'est offert les terres des quelques familles présentes, pour s'y construire une propriété et une ferme bio de 27 hectares, en autarcie totale. Un investissement de plus de 100 millions de dollars pour assurer sa survie.

D'autres ont choisi de s'établir en Terre de feu et en Patagonie (Argentine). Les ultra-riches y sont tellement nombreux que les agents immobiliers locaux se demandent si Dieu ne va pas finir par y investir.

Quel scénario post-effondrement ?

Il faut dire que ce bout du monde est encore épargné par la pollution et le réchauffement climatique. Ses grands espaces, ses lacs cristallins, ses forêts majestueuses et sa terre productive en font un *eldorado* naturel, un joyau écologique, unique au monde.

Le premier à s'être construit un refuge en Patagonie, en 1997, fut Ted Turner, *boss* de la chaîne de télévision CNN et ex-mari de l'iconique actrice Jane Fonda. Il s'est offert 5 000 hectares dans un magnifique site de la province de Neuquèn. Le tout pour (seulement) 6,5 millions de dollars.

Il a, semble-t-il, été inspiré par plusieurs personnalités argentines, dont la femme d'affaire Amalita Lacroze de Fortabat, la reine du ciment, qui s'est construit une villa en face du lac Nahuel Huapi.

Et pour profiter de sa magnifique vue, elle paye des hommes de main chargés de bloquer l'accès aux habitants du coin. La milliardaire a vite été rejointe par la famille Röemmers, patrons de labos pharmaceutiques et un certain Alfredo Yabran, homme d'affaires soupçonné d'être le chef de la mafia argentine et grand ami du président Carlos Menem.

Mais, depuis les années 2000, la majorité des nouveaux arrivants sont des ultra-riches anglo-saxons, notamment le milliardaire britannique Joe Lewis – qui a fait sa fortune avec les Hard Rock Cafés et Planet Hollywood. Il a acheté les hectares à la pelle. Montagnes, rivières, lacs... tout lui va. Il a même détourné le cours d'une rivière, pour bâtir sa propre centrale hydroélectrique.

Non loin de là, Sylvester Stallone s'est offert un lac et 14 000 hectares du côté d'El Bolson, refuge champêtre des hippies et artistes depuis plusieurs décennies. Tarif : 8 millions de dollars.

Georges Soros, flairant la bonne affaire, s'est offert un domaine de 350 000 hectares de terres, acquis au fil des 10 dernières années. Il a même, pendant quelque temps, été le premier propriétaire terrien argentin, avant d'être détrôné par la famille Benetton.

Luciano et Carlo Benetton se sont, en effet, bâtis un empire de plus de 900 000 hectares du côté d'Esquel, en plein territoire Mapuche. Sans difficulté, Luciano a pu détourner le cours de la rivière Chubut pour abreuver ses milliers de moutons mérinos. Il faut savoir que, là-bas, le maître de l'eau douce est le maître du monde...

Plus altruiste, Doug Tompkins, fondateur de la marque Esprit, a mis sa propriété de 303 000 hectares (la taille du Luxembourg) à la disposition d'ONG, sous le statut de réserve naturelle.

Conséquences de tout cela : les fils barbelés poussent comme des mauvaises herbes et le prix de l'hectare s'envole, au mépris des habitants de la région.

Parlons, enfin, de la théorie de l'exil scandinave des riches européens.

Interviewé par Thinkerview en mai 2019, le jésuite-économiste de l'Agence française de développement, Gaël Giraud, raconte un *meeting* avec des hauts responsables de la *City*, à Londres. Ces derniers seraient pleinement conscients des dangers d'effondrement à la fois économique, mais aussi civilisationnel. Pour autant, ils refuseraient d'agir, afin de préserver leurs intérêts individuels le plus longtemps possible.

Pour se protéger des effets du collapse, ces financiers auraient décidé de déménager en Suède, où le climat serait bien plus clément – ce que les méga-feux dans les forêts suédoises en 2020 ont contredit. *« Ils vont devoir se faire des bunkers,* conclut l'économiste, *mais c'est très désagréable de vivre dans des bunkers (...). Ils vivent encore dans le fantasme qu'il existe une île déserte où ils pourront se cacher. »*

Une théorie reprise par le député François Ruffin, dans son livre *Il est où, le bonheur* (Ed. Les Liens qui libèrent, 2019). Il y raconte le témoignage d'une *« amie qui connaît un banquier de la City »*. Ça commence mal. Selon lui, *« les riches européens seraient déjà en train d'acheter des résidences en Scandinavie »*, notamment en Norvège. *« Ils préparent déjà leur exil climatique ! »*, a-t-il encore tempêté sur France Inter en 2020.

Des révélations mises en question par l'équipe du Checknews de *Libération* et par la cellule désintox du magazine 28 minutes d'Arte. D'abord, les journalistes du quotidien expliquent que, selon le ministère norvégien des Finances, il n'y aurait *« pas d'arrivée massive »* de riches étrangers sur le sol norvégien. Ensuite, ceux de la chaîne Arte évoquent *« plus une rumeur qu'une tendance »*.

Quoiqu'il en soit, les critères de sélection des ultra-riches n'ont rien d'écolo. Ils visent surtout des zones isolées du reste de l'humanité... dont ils craignent d'être les cibles en cas de guerre civile.

Ils prennent donc les devants, en se construisant des prisons dorées dans des paradis d'entre-soi, à l'autre bout de la planète, dans une démarche purement « survivaliste musclée ».

Quel scénario post-effondrement ?

Or, ce genre d'approche cynico-égoïste est le contraire de la démarche autonomiste des écolos, qui cherchent à maintenir la société debout, malgré tout, à travers des communautés résilientes.

Surtout, étude après étude, les climatologues démontrent qu'il n'existera bientôt plus de territoire idéal. Même le Canada et la Sibérie, souvent présentés comme « la Côté d'Azur des années 2050... » n'échapperont pas au réchauffement climatique. Le premier sera pratiquement sous les eaux. Et la seconde sera un empire de gadoue. La côte d'Azur mon c... !

***Sorry*, mais il n'y aura pas d'échappatoire, ni de village où il fera bon vivre le collapse. Nous sommes tous de potentiels migrants climatiques, à la recherche d'un territoire plus vivable et des ressources... notamment d'eau.**

Bien sûr, on peut croire que certaines zones géographiques ont plus d'atouts que d'autres, du fait de leurs généreuses ressources en eau, de leur éloignement des zones SEVESO, des faibles risques de tempêtes maritimes, de l'existence d'un bon réseau d'échanges de graines, etc...

Oui, on parle souvent du Puy-de-Dôme, de la Creuse, de la Corrèze, du cœur la Bretagne et de la Normandie, d'une partie de l'Angleterre et même de la Cordillère des Andes...

Finalement, **la question à 10 milliards d'habitants n'est pas tant de savoir où s'installer pour survivre au collapse, mais si la communauté qui *vous* entoure est prête à gérer l'inévitable, à éviter l'ingérable et à construire le futur.**

La solution, c'est les autres.

Si, après ça, vous êtes encore un peu survivaliste-lanceur-de-hache sur les bords, passez donc **PAGE SUIVANTE**, pour une deuxième couche.

Si vous êtes déjà un transitionneur campagnard, rendez-vous **PAGE 101** pour rencontrer votre communauté résiliente.

Prêts pour l'effondrement

Ce qui va changer pour vous
Basculer vers l'autonomie

Entre le temps libre, les loisirs, les machines et les médocs, la vie moderne assure une impression de confort inégalée dans l'histoire de l'humanité. Soyez-en sûr : ça va pas durer.

Saviez-vous qu'en son temps, Louis XIV vivait une vie de SDF ?

L'hiver, le Roi-Soleil se pelait de froid et buvait du vin gelé. Difficile de lire après le coucher du soleil, car les bougies éclairent 100 fois moins qu'une lampe électrique. Tout schlinguait : on se lavait une fois l'an et pissait derrière les tentures, il fallait 10 heures pour faire un Versailles-Paris (aujourd'hui 30 min en RER). Peu de livres et zéro séries en streaming. Hormis la chasse, les jeux de carte et les pièces de Molière, on se faisait chier du matin au soir. Surtout, on crevait en quelques jours de variole, de rougeole, de scarlatine ou d'une simple rage de dents.

L'effondrement va-t-il vous ramener au temps de Louis XIV ou dans l'univers des Amish ? C'est une possibilité... sauf si vous avez basculé dans l'autonomie **AVANT**.

Cette idée de basculement n'est pas nouvelle. Elle a près de 50 ans et réunit beaucoup de monde, sous la bannière du mouvement transitionniste, dont le leader incontesté reste Charles Ingalls. Non, je déconne !

PETITE PHILOSOPHIE DE LA TRANSITION

« *Soyez insatiables, soyez fous !* », clamait Steve Jobs à une foule de *geeks* en délire. Telle est la devise du monde techno-industriel. Une philosophie insensée, quand on regarde les ravages qu'elle provoque. Désormais, l'avenir appartient aux modestes et aux sages. Oui, je sais, ça fait un peu prêche du dimanche. J'ai peut-être raté ma vocation.

La transition vers l'autonomie est un mouvement citoyen, initié par des permaculteurs Irlandais. Depuis les années 70, les transtionnistes appellent les populations à s'organiser en communautés résilientes, à travers des outils désormais éprouvés comme les Associations pour le maintien d'une agriculture paysanne (AMAP), les Services d'économie locale (SEL), les jardins partagés, les monnaies locales, etc...

Ce mouvement est proche de celui de la « décroissance ». D'ailleurs, beaucoup de transitionneurs se présentent comme des « objecteurs de croissance ».

« Une société durable et juste ne peut pas être une société de consommation. »

Ted Trainer, du Simplicity Institute

À quoi aspirent-ils ?

À une vie de « frugalité heureuse » : un mode de vie moderne – il ne s'agit pas de revenir à l'âge de bronze – recentré sur un territoire, rural ou urbain. À une consommation locale (démondialisée) et artisanale (désindustrialisée). À une existence authentique, des solutions *low-tech* et solidaires.

Leur slogan ?

« *La nature n'est pas un décor. Nous sommes la nature.* »

Cela fait 50 ans que les *décroissants* créent, ici et là, des communautés résilientes, fondées sur la solidarité et la production du minimum vital. Le tout, dans un esprit de débrouillardise conviviale.

D'ailleurs, pour aller plus loin, je vous recommande la lecture de *Vivre autrement. Ecovillages, communautés et cohabitats*, de Diane Leage Christian (Ed. Ecosociété, 2015).

Mais aussi le *Petit traité de la décroissance sereine* (Ed. 1001 nuits, 2007) de Serge Latouche, un des pères de l'économie décroissante.

À QUOI RESSEMBLE LA VIE EN AUTONOMIE ?

1-Le bonheur est (vraiment) dans le pré

Dans la société contemporaine, le « bonheur » se résume à obtenir tout ce dont on a envie, tout de suite et sans effort. L'ultime avatar de ce bonheur illusoire sont les applis Amazon Prime et Wish : de grands bazars numériques, où des marchands du monde entier vendent des produits industriels, achetés en un clic, sans effort et livrés en un jour.

Eh bien vivre en autonomie, c'est ab-so-lu-ment le contraire ! Le territoire local remplace le marché mondial digital. L'artisanat remplace l'industrie. L'utile; le futile. L'effort; l'oisiveté. Le temps long; l'immédiateté. Vous pouvez donc dire adieu à cette chère société du temps libre et du loisir, où le progrès social se mesure au nombre de jours de vacances et à la faiblesse du temps de travail.

2-Travailler plus pour bouffer moins !

Se lever tôt, oublier le mot vacances, abandonner son canapé, ce sera peut-être le plus dur. « Travailler » à produire ce que l'on ne peut plus acheter : cuisiner, réparer un objet ou un vêtement, nettoyer, couper du bois, cultiver la terre, construire un abri, nourrir et soigner les animaux de la ferme... vous aurez rarement, très rarement, le temps de vous caler devant une petite série.

Et sinon, pour ma retraite ? Hmmm, faisons le calcul. En prenant l'année 2050 comme *climax* de la crise, et 67 ans comme âge pivot de départ à la retraite... On peut dire que les gens nés après 1983 ont de moins en moins de chances de goûter à leur pension. *Ciao* les millennials, les xennials et leurs copains des générations X, Y, Z...

Quant aux citoyens du monde, ils devront faire une croix sur les voyages, les dépaysements, les aventures humaines à l'autre bout du pays ou du globe. Sans pétrole, nos transports seront réduits à de courtes distances, pour des activités indispensables. Les bateaux cargos seront rares. L'avion ? Une folie, à s'offrir une fois dans sa vie, comme le fut, en son temps, un vol à bord du Concorde.

Ce qui va changer pour vous

3-Dites adieu à la société du confort

Oubliez la maison tempérée à 21°C, nuit et jour, hiver comme été. Oubliez les douches crapuleuses de 20 minutes sous une eau à 38°C... sans d'autre effort que d'appuyer sur un bouton ou tourner un robinet. Commencez à vous y faire : vous allez de nouveau avoir froid et chaud. Et votre pompe à chaleur réversible, vous pourrez vous la carrer là où ça fait des bulles.

Une maison tempérée toute l'année ? Avez-vous pensé au puits canadien ou provençal ? C'est une technique de ventilation imaginée... sous la Rome antique, perfectionnée dans les années 70 par l'architecte Claude Micmacher et presque totalement oubliée de nos jours. Pourquoi ? Parce qu'elle permet de faire des économies dans un système qui veut vous faire consommer toujours plus ! Le puits vient chercher de l'air à 2 mètres sous-terre, où la température est située entre 5°C en hiver et 14°C maximum en été. Le principe est de faire circuler l'air dans les canalisations souterraines, avant de le restituer à l'intérieur de l'habitation. Un modèle de chauffage et de climatisation « par inertie », économique et écolo. Évidemment, il n'y a pas (encore) de subventions de l'État... Mais voilààà un investissement qu'il est bon ! Assurez-vous tout de même qu'il soit réalisé par un artisan compétent : mal foutu, le puits pourrait rendre votre maison humide et malsaine. PS : certaines études considèrent qu'un puits (canadien ou provençal) est inefficace s'il n'est pas relié à une ventilation électrique. À méditer, donc...

4-La fin des jobs à la con

Moins d'énergie, des systèmes *all fucked up*, un État impuissant à relancer les circuits de production et de consommation : tout conduira à penser *low-tech* et local. Dans un contexte où les carrioles à cheval auront remplacé les bagnoles auto-pilotées, votre job télétravaillable au titre ronflant aura atteint le comble de son absurdité.

Le monde d'après se reconstruira autour de métiers méconnus, de compagnonnages et de compétences artisanales ou scientifiques (berger, *designer* en permaculture, mécano, menuisier, mais aussi instituteur, maraîcher, architecte, dentiste ou véto...) et mille-et-unes autres professions tombées dans l'oubli (herboriste, chaumier, fileur de laine, meunier...). Les petites annonces du futur ressembleront-elles à un catalogue des Santons de Provence ? Y a des chances !

Vive le *funemployment* ? Le chômage peut être une excellente occasion de changer de vie... si on a prévu le coup ! Demandez-vous dès aujourd'hui quel talent vous pouvez apporter à une communauté et démarrez une formation grâce aux aides disponibles.

5-La fin des vaccins, des antibiotiques et de l'insuline ?

Sera-t-il encore possible de produire des millions de doses de vaccins et d'antibiotiques dont l'apparition – en 1800 pour les vaccins et 1930 pour la pénicilline – a permis une hausse de l'espérance de vie, notamment des jeunes enfants ? Comment produire les millions de doses d'insuline indispensables aux diabétiques ? Actuellement produites en laboratoire, il faudra revenir à la méthode en vigueur jusqu'aux années 70 et prélever le pancréas de millions de porcs, que nous n'aurons plus les moyens d'élever.

Les anti-vax oublient qu'en 1800, 30 % des enfants mouraient avant leur premier anniversaire, contre 3 % aujourd'hui.

Alors, faut-il faire de ces médicaments un bien commun universel ? Mais comment organiser et financer leur production et leur distribution équitable ? Sans quoi, les *big pharma* pourraient bien devenir les maîtres du moooonnnndeuuu post-collapse. Si ce paragraphe vous inspire un thriller dystopique, pensez à me citer !

Ma liste des produits industriels à sauvegarder et laisser en accès « libre et gratuit » pour tous :
-Vaccins

-Morphiniques

-Antibiotiques

-Bicarbonate de soude

-Caoutchouc

-Chocolat noir aux éclats de grains de café

-...à vous de compléter la liste en vue d'un référendum prévu en 2028.

Comment financer cette production ? Grâce à une « redevance en nature » : chacun donne de son temps pour des travaux d'intérêt général. Malin, non ?

Ce qui va changer pour vous

6-L'hyper-choix ne sera plus qu'un (mauvais) souvenir

Ah ! Les rayons des supermarchés et leurs 1 243 références de céréales au riz soufflé. Si vous aimez changer de chaussures tous les deux jours et porter une veste différente à chaque demi-saison, il va falloir vous déshabituer dès maintenant ! Finie la *fashion week* ; bonjour la *troc party* du Dimanche !

8-Vous retrouverez enfin la sensation de faim

Depuis quand n'avez-vous pas eu vraiment faim ? Quand je dis faim, je ne parle pas de cette sensation de manque de sucre qui nous assaille parfois. Je parle d'avoir un trou dans le creux de l'estomac ! On compte plus d'1,5 milliard d'occidentaux en surpoids, et un nombre incalculable d'individus dont l'organisme est tellement perturbé par les désordres alimentaires qu'ils n'ont plus la sensation de faim. Leur « tour de contrôle » intestinale est en panne.

Les pays « riches » sont en hyper-consommation permanente. En 2014, Olivier De Schutter, président d'Ipes Food (le GIEC de l'alimentation) expliquait : « *on produit l'équivalent de 4 500 kcal par personne et par jour. C'est deux fois plus que les besoins journaliers de 7 milliards d'habitants...* » Vivre en autonomie, c'est donc aussi atteindre une forme de frugalité, réduire sa consommation alimentaire, réapprendre à avoir faim, à sauter un repas, à se priver, sans pour autant ressentir une incontrôlable angoisse.

**Si nous mangeons autant (en quantité),
c'est que nos aliments sont pauvres en nutriments.**

En 2019, une enquête du magazine Cash Investigation (France 2) montrait « *qu'en 60 ans, les 70 fruits et légumes les plus consommés par les Français ont perdu 16 % de leur calcium, 27 % de leur vitamine C et 48 % de leur fer* ».

Pourquoi ? Car ils sont pour la plupart issus de graines de semences hybrides, créés par les géants de l'agrochimie. On parle de graine *hybride F1* (hybride parce qu'elle est issue d'un croisement de graines et F1 pour « première fécondation »). Le truc avec l'*hybride F1,* c'est qu'elle ne peut pas se reproduire. Si vous plantez des courgettes F1 et que vous en prenez les graines pour les ressemer... il ne se passera rien.

Ou bien, si : il poussera un machin bizarre, difforme et dégénéré. C'est évidemment pensé pour que l'agriculteur, le maraîcher ou l'amateur ne puissent pas utiliser la descendance de la plante pour la replanter... mais soient obligés de racheter des semences !

Outre ce modèle économique totalement contre-nature, le gros problème avec ces graines hybrides est qu'elles sont le résultat de mélanges « consanguins » : les manipulations génétiques successives ont conduit à l'appauvrissement nutritionnel de la plante.

Conséquence : on doit en manger bien plus, pour obtenir les apports énergétiques suffisants. Et je ne parle même pas de nos modes de (sur)cuisson qui grillent – au sens propre – les vitamines et nutriments d'à peu près tout ce que nous ingurgitons. J'y reviendrai dans le chapitre sur les régimes collapso-compatibles !

8-La mort, le retour

D'après les travaux de l'historien Philippe Ariès, réunis dans ses *Essais sur l'histoire de la mort en Occident, du Moyen Âge à nos jours* (1975), la mort a très longtemps été acceptée, banalisée, présente au milieu de la vie.

Ce n'est que récemment qu'il est devenu interdit de mourir, que les mourants sont évacués à l'Ehpad ou à l'hôpital, que l'on supprime le deuil et que les transhumanistes mettent « la mort à mort », au nom de « la société du bonheur ».

Bref, la mort est un tabou post-moderne... qui risque bien de redevenir une réalité quotidienne. Dans une société post-collapse, mourir à la maison redeviendra courant. Et la mort risque à nouveau de s'inviter, dans toute sa cruauté, au cœur de nos vies.

Si la médecine hospitalière s'effondre, que faire d'un mourant qui souffre ou d'une personne atteinte d'une maladie dégénérative incurable ?

La question de la fin de vie dans la dignité doit être posée. C'est un débat essentiel, qui doit être tranché avant la crise. Et avant que chacun ne décide de s'organiser lui-même, hors de tout cadre réglementaire.

Ce qui va changer pour vous

9-The Punisher reprend du service !

En cas de faillite de l'État de droit, le risque est grand qu'une forme de justice privée se substitue au système judiciaire public. L'État ayant perdu « le monopole de la violence légitime » (Max Weber) la justice pourrait retrouver un caractère *inquisitoire* (vous êtes présumé coupable, et non plus innocent). Les jugements pourraient, alors, être rendus par des juges *discrétionnaires* qui ne rendent de compte à personne.

Dans ces conditions, on imagine facilement le retour des bons vieux châtiments corporels et exécutions sommaires... En effet, difficile de garder des prisonniers à ne rien faire en cellule, alors qu'on peine à nourrir sa famille !

Actuellement, cette forme de justice privée (souvent religieuse et/ou de classe), expéditive, sans procès équitable et aux peines radicales, se retrouve dans la plupart des États faillis (Irak, Syrie, Libye, Mali...).

L'abandon de la justice pour la vengeance est, d'ailleurs, l'une des premières conséquences d'un effondrement de l'État de droit. Il faudra à certains beaucoup de courage et de conviction pour assurer le maintien d'une justice contradictoire, équitable et orientée vers la réhabilitation. Et sinon, vous, vous l'auriez tué Negan[8] ? Avouez...

Quand la compagnie des Indes toque à la porte

La Compagnie Néerlandaise des Indes Orientales, née en 1602, s'est rapidement substituée aux États dans certains comptoirs d'Asie. Dotée d'une armée, d'une monnaie et de son propre système judiciaire, elle gouvernait « toutes les personnes appartenant à ladite compagnie ».

On peut aisément croire qu'au lendemain du *collapse*, certains PDG se prennent pour des Ducs ou des maîtres de guerre, et tentent d'asservir les populations aux alentours de leurs bunkers.

Imaginez deux hommes armés toquant à votre porte, menaçant votre famille et exigeant que vous regagnez illico tel chantier ou telle mine – gratis évidemment. D'autres viendront le lendemain pour exiger le paiement d'un *tribut* ou toute autre forme d'impôt en nature.

---

[8] Vous n'avez pas suivi *The Walking Dead* ? Désolé, je ne peux rien pour vous !

Prêts pour l'effondrement

Cela n'a rien d'une fiction. Toutes les victimes du Service Travail Obligatoire (S.T.O) établi par l'occupant Nazi en France dès 1943, peuvent en attester. De même que les victimes des *warlords* somaliens qui ont pris le contrôle du pays à la suite de l'effondrement de l'État.

10-Bienvenue dans la *low-tech* nation !

Pour atteindre l'autonomie, nous devons reprendre le pouvoir sur les machines. La technologie doit redevenir utile, accessible et durable. Telle est la devise de la *low-tech* nation.

Comment reconnaître un outil, système ou service *low-tech* ? C'est simple : il consomme peu d'énergie, est robuste, réparable sans compétences expertes et recyclable en cas de casse.

Quelques exemples ? Un poêle à bois, un chauffe-eau solaire, un lave-linge à pédales.

Je m'arrête ici quelques instants, pour vous parler de la philosophie *low-tech*. Une idéologie qui appelle à la fin des *techniques* et à la renaissance des *arts*.

Tout part de l'industrialisation, qui a transformé les arts en techniques. En d'autres mots : la machine a remplacé le savoir-faire, le tournemain.

Avez-vous visité un moulin à blé *traditionnel* ? On y découvre que le meunier réalisait ses réglages à l'oreille, s'adaptait aux courants du vent ou de l'eau, et jouait, une fois l'an, les tailleurs de pierre pour restaurer les sillons de ses meules.

Les meuneries industrielles contemporaines sont automatisées. L'homme y verse le grain et la machine fait le reste. Aucun savoir-faire n'est exigé, si ce n'est celui d'entretenir le robot.

L'art du meunier est oublié. Et, avec lui, la plupart des savoir-faire exigeant une véritable maîtrise technique (de *tekhné* en grec, qui signifie art) construit à force d'apprentissage et d'expérience. Je ne suis pas ici pour m'en plaindre, mais pour annoncer le retour de la *tekhné*, des gestes, des apprentissages lents, des arts de faire, exigeant la maîtrise de dizaines de paramètres complexes. Intéressez-vous à la fabrication traditionnelle du saké japonais, dont les brasseurs passent plus de trente années en apprentissage.

La pénurie d'énergies carbonées et électriques conduira à la disparition des machines et au retour d'outils « conviviaux ».

Ce qui va changer pour vous

Cette notion de convivialité a été forgée par le philosophe Ivan Illich, penseur essentiel et méconnu de la simplicité volontaire, avec Jacques Ellul et Bernard Stiegler. Pour Illich, il existe deux formes d'outils[9] : l'outil aliénant et l'outil convivial.

L'outil convivial est celui qui peut être produit, utilisé et entretenu simplement, sans connaissance particulière, ni dépendance envers un autre. Le vélo, le marteau, le livre, la bauge sont des outils conviviaux… quand une voiture, une perceuse, un smartphone ou un parpaing sont aliénants. Car, pour les faire fonctionner, nous dépendons de pétrole, de sable, d'un garagiste diplômé, d'électricité, d'un assureur. En revanche, pour faire fonctionner un vélo, ouvrir un livre, monter un mur en bauge, il suffit d'un maître pour apprendre à pédaler, lire ou mélanger la terre à la paille !

La société post-effondrement sera certainement libérée des outils aliénants, pour revenir à des outils conviviaux.

Ivan Illich disait : « *l'homme a besoin d'un outil avec lequel travailler, non d'un outillage qui travaille à sa place. L'outil simple, pauvre, est un humble serviteur, la main, le pied ont prise sur lui. L'énergie qu'il réclame est productible par quiconque mange et respire. L'outil reste convivial dans la mesure où chacun peut l'utiliser, sans difficulté, aussi souvent qu'il le désire. Personne n'a besoin d'un diplôme pour avoir le droit de s'en servir.* »

Problème : le passage rapide d'une société techno-industrielle à une société conviviale est impossible. La convivialité exige un apprentissage, des expérimentations. C'est une société du temps long.

Il est donc urgent de retrouver et de réapprendre les gestes oubliés, mais aussi de changer notre état d'esprit, pour passer d'une logique de production à une logique de création.

Dans le mode de vie techno-industriel, nous sommes cernés de produits industrialisés. Dans la société conviviale, nous deviendrons des créateurs, des passeurs, des artisans, des poètes (*poiesis* signifie création en grec). Et notre rapport au travail, comme aux loisirs, en sera chamboulé : l'apprentissage et l'exercice des techniques seront souvent laborieux et chronophages.

---

9   Par *outil*, il désigne toute extension du corps ou de la pensée humaine : un marteau, un livre, un site internet…

Le temps des loisirs sera presque entièrement mangé par celui du *produire*. Actuellement, nous passons nos soirées devant un livre ou un écran... bientôt, nous les consacrerons à tailler des objets en bois, coudre ou entretenir un outil de jardinage, etc.

Une petite question en passant : une innovation technologique conçue pour améliorer la vie quotidienne de son utilisateur ; tout en l'aliénant, est-elle un progrès ? Demandez à votre *smartphone*.

Vers une guerre de l'acier ? Selon un vieux dicton : « *sans forgeron pas d'outil, sans outil pas de vie* ». Oui, mais où trouver l'acier pour forger les outils de demain ? Aujourd'hui, 50 % de cet alliage à base de minerai de fer provient de Chine, 10 % seulement d'Europe et 6 % d'Amérique du Nord. Vous voyez où je veux en venir ?

11-La fin du long terme et le retour du temps long

Vive la vie au jour le jour ?

Notre mode de vie contemporain donne la priorité aux objectifs de long terme (faire carrière, rembourser le crédit...) qui orientent l'organisation de la vie quotidienne.

Le monde d'après inversera cette temporalité : nous vivrons au jour le jour, connectés aux réactions naturelles, avec, pour seule épargne, un stock de châtaignes et de conserves... tout en visant des objectifs de moyen terme, comme la cueillette d'août ou le grand marché d'avril.

Décélération

La vitesse a toujours été un symbole de progrès. L'humanité a pensé pouvoir courber le temps à sa volonté, en accélérant les échanges, les déplacements, en supprimant les temps d'attente. Ivre de vitesse, notre société « presse-bouton », a perdu le sens du paysage, de l'attente, de l'ennui, de l'effort (oui, je sais, là je deviens un peu réac'). Conséquence : de plus en plus de gens souffrent aujourd'hui de « famine temporelle », contraints d'aller toujours plus vite, de sauter d'urgence en urgence.

Comme l'explique Hartmut Rosa dans son magnifique *Aliénation et accélération* (2012) : le culte de la vitesse nous condamne à la frustration. Et l'effondrement provoquera, assurément, une rupture violente dans notre rapport au temps. Aujourd'hui capturés par les machines, derrière lesquelles nous sommes condamnés à courir, nous retrouverons le temps... de l'essentiel. Cultiver pour nous nourrir, garder les animaux qui nous aident dans ce labeur, réparer, construire de nos mains, nous déplacer utilement. Mais, comment se préparer à une telle rupture ? En calquant notre temps sur celui des plantes ? En s'intéressant au temps qu'il fait dehors et dedans, plutôt qu'au temps qui passe (fait-il jour ou nuit ? Ai-je faim, soif ou sommeil ?). Ou en arrêtant de dire « il est heure de » et en commençant à écouter ce qui nous entoure.

Faites le test : offrez-vous une journée sans jamais regarder l'heure et vous verrez !

> Nous avons l'impérieuse nécessité de renouer avec une esthétique du quotidien.

Je veux espérer. Mais pas fantasmer le monde d'après. Car il pourrait s'avérer bien plus dur qu'on ne l'imagine. J'en ai pris conscience à la lecture de deux livres :

-*Une soupe aux herbes sauvages*, d'Émilie Carles (1979) qui décrit la vie dans les campagnes françaises des années 1900.

-*La rébellion zapatiste*, de Jérôme Baschet (2019) qui raconte la très inspirante insurrection indienne des paysans du Chiapas et sa répression par l'État mexicain.

Prêts pour l'effondrement

Dessin René Margotton

Ce qui va changer pour vous

Questions existentielles choix cornéliens & dilemmes insolubles

TOUS EN MÊME TEMPS,
bonjour le mal de crâne !

Prêts pour l'effondrement

L'effondrement, c'est mieux en colo ou en solo ?

La question se posera, quel que soit le scénario de l'effondrement. Bien sûr, si des coronazombies sont de la partie, la réponse pourrait être différente. Mais je vais tâcher de rester réaliste. Pour cette fois, je laisse les mutants suceurs de moelle à Georges Romero.

TRAVERSÉE EN SOLITAIRE

Le mode "loup solitaire" présente de nombreux avantages. Rapide et discrète, une personne seule coûte moins à nourrir, demande moins de vigilance, n'a pas besoin de savoir qui fait la vaisselle ou garde les gosses. Oui, mais...

Seul·e, vous êtes vulnérable. Et pas seulement face à un agresseur. Si vous êtes blessé·e ou tombez malade, personne ne pourra vous soigner, arroser le potager, préparer à manger, entretenir la maison... Les questions matérielles reposent sur vous, quel que soit votre état de santé et de fatigue.

Si vous optez pour cette configuration, ne vous lancez pas dans des projets au-dessus de vos forces et faites les choses petit à petit. Vous aurez parfois plus de mal à réaliser certaines tâches pratiques. Aussi, prévoyez un petit habitat (*tiny house*) et un petit potager, faciles à entretenir et à réparer.

Sincèrement, même si vous avez un mental d'acier et que vous vous suffisez à vous-même, le mode solo ne tiendra pas longtemps. Vous serez inévitablement amenés à nouer des liens sociaux. Vous AUREZ besoin d'amis, de dépannages, de coups de main et de coups de cœur...

PLUS ON EST DE FOUS...

Tout le monde connaît les avantages et les inconvénients d'une vie à deux (ou plus : demandez au Prince Charles).

Les avantages sont indéniables, là aussi. Partage des tâches, convivialité, entraide, répartition des ressources, gestion des intérêts, construction de projets, espaces plus grands, sécurité...

Vous pouvez jongler entre différents impératifs, alterner les tâches, ressentir la satisfaction de vous mettre au service de la communauté.

Pour peu que vous ayez l'esprit ouvert et que vous pratiquiez le polyamour[10], tout ira pour le mieux dans le meilleur des mondes effondrés.

Mais, attention : la vie en communauté n'a rien d'un long fleuve tranquille !

S'il existe des centaines d'exemples de communautés réussies, il y aussi celui de la famille de Charles Manson. Sans aller jusque là, il faut très vite poser des bases claires et saines pour cohabiter à plusieurs. Communiquez, encore et encore, exprimez vos désirs et vos craintes, vos besoins et projets, chacun à votre tour. Dialoguez pour éviter les crispations et les crises.

Vivre en groupe, ça s'apprend. Sans quoi votre cellule familiale ou communautaire risque vite de se transformer en prison. N'hésitez pas à vous former dès maintenant. Ça peut servir, même sans effondrement.

Une bonne base : les formations de l'université-du-nous.org, une asso' qui accompagne depuis 2010 l'émergence de nouvelles formes d'organisations, à travers des ateliers de « pédagogie sensible » qui rendent « un enthousiasme joyeux et créatif » à notre citoyenneté. Faudrait que je pense à donner leur adresse à EELV.

ET EN VILLE ?

Difficile d'imaginer rester en ville après l'effondrement. Pollution, surpopulation, insécurité... On aurait tendance à laisser notre imagination galoper vers des scénarios catastrophistes et fuir les villes pour une campagne probablement idéalisée.

Bref, l'heure des choiiiix eeeest arrivééée !

---

10 Le polyamour est une éthique de l'amour, où les partenaires entretiennent des relations avec plusieurs personnes consentantes.

Prêts pour l'effondrement

    Si vous avez choisi de fuir la ville, sans être encore passé à l'acte... Profitez de la **PAGE SUIVANTE** pour faire le point.

    Si vous êtes déjà installé à la campagne, *swipez* directement **PAGE 109** !

Questions existentielles

Des villes et des hommes

La ville moderne a été imaginée par et pour l'industrie. Si j'osais, je résumerai la philosophie de l'aménagement urbain moderne en quatre mots : métro-boulot-conso-dodo. Tel est ton destin.
D'ailleurs, c'est bien cette logique que la plupart des gouvernements européens ont appliqué face à la Covid-19, lors des confinements comme des couvre-feux. Limiter tous les déplacements et rencontres déconnectés du travail ou de l'achat de produits industrialisés. Concrètement, ils ont autorisé les repas *entre collègues*, et interdit ceux *entre amis*. Autorisé la réunion de dizaines de personnes dans des bureaux, interdit les réunions de famille. Autorisé la réunion d'étudiants dans les amphithéâtres ; interdit celles dans les cinémas et théâtres. Autorisé la promiscuité du métro ; interdit celle du café. Autorisé la consommation en hypermarché ; interdit beaucoup de marchés locaux.
La priorité (assumée ?) des gouvernants : sauver l'industrie. Pas l'économie, ni la population, ni un *way of life*. Juste l'in-dus-trie. Et ce, alors que l'état des connaissances techniques et scientifiques appelaient à instaurer le télétravail pour une grande partie de la population active, à ne confiner que les personnes "*à risque*", à organiser des lycées et universités à distance et installer en extérieur les événements collectifs (du restaurant au théâtre, en passant par les cours) dans des parcs, rues, sous des gymnases, des tentes et des halles, ou même sur les toits !
Le manque de créativité nous tuera !

Prêts pour l'effondrement

Fuir les villes face à l'effondrement ?

En cas d'effondrement, il n'y aura probablement pas d'avenir dans les grandes villes de plus de 1 500 habitants ; mais, en-deçà de cette taille critique, il reste possible d'organiser une résilience collective et une autonomie rurbaine. Citadins, ne fuyez pas tout de suite !

CALCULEZ LE POTENTIEL DE RÉSILIENCE DE VOTRE COMMUNE

Ce questionnaire rapide vous permettra de déterminer si votre ville est en mesure de tenir le choc d'un effondrement systémique, et, surtout, si ça vaut le coup de vous y préparer.

Répondez par OUI ou NON

Ma commune compte plus de 1 500 habitants.	
Ma commune est éloignée des Zones Urbaines Sensibles (voir www.geoportail.gouv.fr/donnees/zones-urbaines-sensibles).	
Ma commune dispose de son propre château d'eau.	
Je tutoie mon Maire.	
Je tutoie la plupart de mes voisins.	
Le résultat du *calculateur de résilience alimentaire des territoires* (crater.resiliencealimentaire.org) est positif.	
Sur mon marché, la plupart des producteurs-commerçants viennent de mon Département.	
La dernière inondation ou le dernier feu de forêt à proximité de la ville c'était il y a... ouuuuuuhhh là, on a oublié !	

Majorité de **NON** : vous êtes en zone rouge ! rendez-vous **PAGE SUIVANTE**.

Majorité de **OUI** : vous êtes attendu en zone verte, **PAGE 69.**

Questions existentielles

VOUS ÊTES EN ZONE ROUGE !

Voici à quoi pourrait ressembler l'effondrement dans votre quartier, notamment si le collapse prenait une forme brutale, accompagnée de coupures d'électricité et d'eau courante.

Ici, le *happy collapse* (cet effondrement joyeux, rêvé par les collapsolonautes) n'aura probablement pas lieu. Quand les supermarchés seront vides, la panique aura raison de la paix sociale. Vous serez en zone de danger. Les classes moyennes et aisées fuiront vers des maisons secondaires ou familiales en zone rurale. Cet exode urbain est un leitmotiv des crises urbaines. Et ceux qui resteront, s'ils ne sont pas préparés, pourraient sombrer dans la violence.

Le cas de l'île de Saint-Martin (Antilles)

En 2017, l'ouragan Irma dévaste l'île. Quelques jours plus tard, impossible de sortir : des bandes armées pillent les magasins, cambriolent les maisons et agressent les habitants à coups de feu ou de machette.

Sur place règne désormais la loi du plus fort. 250 détenus se sont évadés de la prison, après avoir fracturé l'armurerie et volé des armes. Face à eux, 230 soldats néerlandais, ainsi que des pompiers et des gendarmes sont prêts à agir.

Le calme n'est revenu qu'après l'envoi, par l'État, de 150 gendarmes en renfort, 100 000 rations de combat, 200 personnels de secours, des réserves d'eau et l'établissement d'un pont aérien entre Saint-Martin et la Guadeloupe.

Imaginez, maintenant, que l'État n'ait plus les moyens de mener une opération de sauvetage à grande échelle... deux scénarios sont alors possibles.

SCÉNARIO A

Selon certains, comme Alexandre Boisson, fondateur de SOS Maires, l'effondrement « *profitera d'abord à des individus qui ont l'expérience des circuits économiques parallèles et qui font aujourd'hui leur* business *avec la drogue et les kalachnikovs...* ».

En gros, vous serez à la merci de gangs cherchant à prendre le contrôle de territoires et à remplacer leurs « esclaves technologiques » tombés en panne (lave linge, voiture, vibromasseur) par des esclaves humains. Youpi ! De plus, vous risquez d'être pris entre deux feux – ceux des gangs et des forces de l'ordre. Et le succès de ces derniers n'est pas assuré...

SCÉNARIO B

Selon d'autres, comme le sociologue de la délinquance Laurent Mucchielli, le scénario A relève du fantasme et d'une diabolisation, nés de discours politiques et médiatiques : celui de la « classe dangereuse », d'une « armée de mauvais pauvres » enclavés dans des ghettos. Un discours qui remonte au Moyen Âge et permet « *de ne pas poser l'analyse en termes sociaux et politiques* ».

Au contraire, selon lui, les habitants des quartiers populaires feraient preuve d'une grande capacité de résilience et d'un fort esprit de solidarité face à la crise.

À vous de choisir le scénario qui vous paraît le plus réaliste et d'en tirer les conséquences.

Si vous penchez plutôt pour le **SCENARIO A**
fuyez jusqu'à la **PAGE 209.**

Si vous êtes plutôt du genre **SCENARIO B**, attelez-vous dès à présent à organiser la transition de votre quartier vers l'autonomie.
Vous allez voir, **PAGE 93**, que ce n'est pas gagné !

Questions existentielles

VOUS ÊTES EN ZONE VERTE !

Ne vous réjouissez pas trop vite ! L'effondrement en zone rurale ne sera pas nécessairement une partie de pic-nic champêtre.

Que ferez-vous lorsque les réfugiés urbains, fuyant les zones rouges, la faim et peut-être même la violence, viendront frapper à votre porte ?

Vous êtes en mode colo

Vous pouvez compter sur une communauté résiliente capable d'assurer l'autonomie en eau, nourriture et en énergie, ainsi que la santé et la sécurité de ses membres. Positive et inclusive, elle est en mesure d'accueillir de nombreux citadins exilés.

Mais comment construire une telle communauté ?
Vous le saurez en vous rendant **PAGE 101**.

Vous êtes en mode solo

Vous la jouez *lonesome cow-boy/girl*, en choisissant de transformer votre propriété rurale en base autonome et durable (B.A.D) capable de subvenir aux besoins essentiels de votre famille, mais pas davantage.

Face aux hordes de citadins en haillons qui rôdent, le regard hagard et avide, autour des hautes palissades qui clôturent votre potager-poulailler… vous allez devoir vous défendre.

Pour apprendre à défendre votre lopin de terre,
courrez, sans vous retourner, jusqu'à la **PAGE 209**.

Prêts pour l'effondrement

EXODE URBAIN
La check-list pour s'installer à la campagne

Urbain depuis (trop) longtemps, vous êtes sur le point de céder à vos envies de campagne. Voici mes conseils pour que votre rêveuuu veeeeert ne vire pas au cauchemar.

1-Ne vous jetez pas dans la cocotte minute climatique

Choisissez votre destination avec soin, en privilégiant une vision à long terme. Demandez-vous quel sera le climat de la région en 2050 ? L'air sera-t-il respirable en été, les hivers seront-ils sibériens ?

2-Évitez de vous jeter à l'eau (ou au feu, ça dépend)

Les deux principaux risques liés au réchauffement climatique auxquels devront faire face les campagnes à l'avenir seront les feux et les inondations.

Lequel vous guette ? Parcourez les plans locaux de prévention des risques d'inondation (PPRI) ou d'incendie de forêt (PPRIF). Intéressez-vous à la qualité des eaux et à l'état des nappes phréatiques (sèches, polluées...). Bref, soyez pro !

Mieux connaître les risques naturels près de chez vous, aujourd'hui et demain.

Pour ce qui est du présent, ça se passe sur www.georisques.gouv.fr.
Pour le futur, voyez un site créé par l'Agence Européenne de l'Environnement (désolé l'adresse est reloue à copier) :
https://experience.arcgis.com/experience/5f6596de6c4445a58aec956532b9 813d/page/home/
Mais, si internet a déjà kraché, passez votre chemin.

Questions existentielles

3-Posez-vous les bonnes questions

Qu'aimez-vous vraiment ?

La montagne, le bord de mer, la campagne, la forêt ?

Chaque coin a ses atouts et ses dangers.

Le bourg se trouve-t-il à moins de 5 km ? Soit 1 heure de marche ou 20 minutes de vélo. C'est important pour rejoindre certains services essentiels et notamment le marché.

Aurez-vous assez de terrain pour installer un jardin potager (pour nourrir 4 personnes, selon un régime végétarien, la surface de potager minimale recommandée est de 500 m²).

Y-a-t-il assez d'habitants jeunes dans le coin pour se construire un réseau d'entraide et une communauté résiliente autour de vous ?

4-N'attendez pas d'être sur place pour trouver du taf

Alors oui, il y a le télétravail ! Et si vous pouvez profiter d'un plan « un jour au bureau, le reste à la maison », tentez le coup !

Si vous êtes un « premier de la classe en rébellion » (du genre contrôleur de gestion diplômé d'HEC reconverti après un CAP boucherie), assurez-vous que votre projet de coworking-fromagerie-artisanale ou de cheese-cake-factory-végane puisse conquérir la clientèle locale. Les cœurs de ville de la France périphérique ne sont plus vraiment ce qu'ils étaient... Et les concepts pour bobos instragrammeurs ont souvent du mal à s'implanter.

Sachez, enfin, que certaines contrées rurales offrent des ponts d'or à des professionnels devenus trop rares : les soignants (médecins, infirmiers, dentistes), les ingénieurs et d'autres métiers particuliers à chaque bassin d'emploi. Pour les connaître, renseignez-vous auprès du Pôle Emploi, des Chambres de Commerce et d'Industrie ou des Métiers et de l'Artisanat, sans oublier le réseau de l'Accueil des Villes Françaises (avf.asso.fr) et autres comités locaux d'accueil.

Du travail, j'traverse la départementale, j'vous en trouve, moi !

5-N'oubliez pas votre *Grand guide de l'auto-suffisance*

Le livre de John Seymour – leader visionnaire du mouvement britannique de l'autosuffisance dans les années 70 – est un *best-seller* depuis sa première parution en 1976 (on compte aujourd'hui plus de 700 000 exemplaires vendus dans le monde).

Tiré de décennies d'expérimentations dans une ferme du pays de Galles où il vivait en famille, cette bible de la *vie simple* vous enseignera tout sur la vie en autonomie. Jardiner, récolter, conserver, stocker, fabriquer sa bière comme ses détergents… tout !

Et même si John nous a quittés en 2004, son œuvre reste mise à jour par ses enfants spirituels.

6-Bref, ne partez pas sur un coup de tête !

Contrairement à ce que débitent les millionnaires qui font visiter leur villa d'architecte dans les émissions de déco à la TV : on achète pas une masure à retaper en pleine cambrousse parce qu'on est « *tombé amoureux du lieu, de la lumière, des senteurs…* ».

Un vrai basculement mérite une bonne année de prospection. Une fois votre région de prédilection choisie, optez pour deux ou trois cibles. Et consacrez vos congés à découvrir le coin et (surtout) ses habitants. Ne vous contentez pas d'un week-end par-ci, par-là. Passez-y plusieurs semaines. Aussi bien en été, qu'en hiver.

Quand viendra le moment d'acheter un terrain ou une maison, prenez votre temps (l'agent immobilier sera toujours trèèèès pressé), cherchez beaucoup, ratissez large, n'hésitez pas à faire un peu plus de route pour trouver le bon coin.

Questions existentielles

JE DÉBARQUE À LA CAMPAGNE ! LA CHECK-LIST

La maison est (vraiment) écologique (*cf* PAGE 109).	
La maison est située à moins de 5 km d'un bourg.	
Il n'y a pas de risque d'inondation identifié.	
La maison est équipée d'une cheminée.	
L'état des routes est satisfaisant.	
Je suis entouré de forêts.	
Le risque de feux de forêts est faible.	
Je suis entouré de voisins relativement jeunes et *awares*.	
Mes voisins ont des animaux (chèvres, chevaux, ânes...).	
Je connais un médecin / dentiste / vétérinaire dans le coin.	
La maison est proche d'une nappe phréatique ou d'un point d'eau.	
Je dispose d'un terrain cultivable d'au moins 500 m².	
Je suis informé de la situation politique locale.	
Je connais mes allergies et les moyens de les calmer naturellement.	
Aucune présence de xylophages n'est détectée dans la maison.	
La composition du sol sur lequel est fondée la maison ne présente pas de risque élevé de déformation/rétractation en cas de fortes chaleurs, ou de glissement de terrain en cas de grosses pluies.	
Il s'agit d'une maison paysanne/ancienne entretenue et rénovée avec des méthodes et matériaux traditionnels (demander conseil à l'asso *Maisons Paysannes de France*).	

Prêts pour l'effondrement

Que faire quand ça chie dans le ventilo ?

En cas de crise majeure, quel serait votre premier réflexe ?

Réponse A : « Je saute dans ma bagnole direction *nowhere* et j'écrase tout ce qui passe ! » façon Tom Cruise dans La Guerre des Mondes, de Spielberg.

> Dans ce cas, sautez **PAGE SUIVANTE**, car elle pourra vous sauver la mise !

Réponse B : « Je saute dans ma bagnole direction ma maison de campagne aménagée façon Base Autonome et Durable. »

> Vous vous croyez plus malin que les autres ? Eh bien vous ne couperez pas à la **PAGE SUIVANTE** !

Réponse C : « Je m'installe dans le rocking-chair du salon devant le poêle à bois, branche la CiBi pour prévenir les membres de ma communauté, puis m'amuse à *swiper* sur Twitter, en attendant patiemment qu'internet krache, une machette à portée de la main. »

> Ok. Là, vous y êtes presque. Mais ça ne vous dispense pas de lire les éminents conseils distillés **PAGE SUIVANTE** !

Avertissement : *la suite de ce chapitre présente un caractère survivaliste. À sa lecture, certaines personnes sensibles pourraient être tentées d'acquérir une arbalète à piston et un abri anti-atomique en kit. Ne négligez pas ces symptômes et agissez vite : éloignez votre carte de crédit, buvez un verre d'eau et écoutez du Brahms.*

Que faire quand ça chie dans le ventilo ?

NE JOUEZ PAS AU PLUS MALIN

When the shit goes down, ya better be ready ! chantent les gars de Cypress Hill. Sages paroles. Ne commettez pas l'erreur fatale de vous lancer à corps perdu dans un embouteillage monstre, avec toute votre marmaille, les chats et une paire de couteaux de cuisine en guise d'armes de poing. La fuite de dernière minute en voiture est certainement la pire des stratégies de survie... surtout lorsqu'on part sans point de chute.

Ne tentez pas votre (mal)chance : **dans tous les cas, entre les barrages et les embouteillages, vous ne pourrez aller bien loin !** Ensuite, votre arrivée en terre inconnue risque de ne pas être très agréable. Il est probable que les locaux n'apprécient guère le débarquement de caravanes de « passagers clandestins » hagards. Bienheureux ceux qui seront accueillis à bras ouverts et non à coup de fusil de chasse.

Les migrants du collapse seront les urbains fuyant les villes. Et il y a peu de chances qu'ils soient mieux reçus à la campagne que les réfugiés d'aujourd'hui ou les gens du voyage.

Si vous ne me croyez pas, (re)regardez l'épisode 4 (Le Hameau) de la mini-série *L'effondrement*, réalisée par Les Parasites en 2019. Très instructif.

Je vous recommande donc de ne pas bouger d'un pouce : barricadez-vous derrière la porte de votre pavillon ou de votre appartement et puisez dans vos réserves. Surtout, ne prenez aucune décision majeure avant 96 heures, au moins.

96 HEURES CHRONO : QUATRE JOURS À TENIR

Pourquoi 4 ? C'est simplement une journée de plus que les 3 jours de réserves alimentaires dont disposent les supermarchés. En effet, ces commerces – qui s'approvisionnent en flux tendu pour réduire leurs frais de stockage – disposent de quoi fonctionner 72 heures.

Par ailleurs, la plupart des plans de secours gouvernementaux ont un calendrier de 3 jours. Le Canada, par exemple, recommande à ses administrés de « *se préparer à faire face aux 72 premières heures d'une urgence, le temps que les secouristes portent assistance aux personnes qui ont besoin d'une aide immédiate.* »

Le conseil du canadien : si le ouèbe est encore à portée de clic, visitez l'excellent site preparez-vous.gc.ca. Une vraie mine d'information pour tous ceux qui veulent être préparés aux urgences.

Il est prudent de s'assurer une quatrième journée d'autonomie. Voici pourquoi.

En centre-ville, les gens qui n'ont pas lu ce livre (il en restera toujours quelques-uns) se rueront, paniqués, pour faire des provisions de dernière minute. Et il y a de fortes chances pour que ces *rushs* d'achat-panique tournent aux pillages... qui vireront à l'émeute, une fois les commerces vides. Du désespoir naît toujours la violence.

En banlieue, il est possible que les grands axes routiers soient rapidement barrés par des bandes armées, constituées sur les décombres des trafics qui gangrènent certaines villes de périphérie. Certains tenteront de profiter du chaos pour détrousser les bagnoles en fuite, pleines à craquer de vivres et d'objets de valeur. À court terme, il est possible que la police et l'armée interviennent... Même si le pessimiste en moi préfère en douter.

En attendant que le calme revienne, mieux vaut éviter les zones à risques et rester bien au frais derrière sa porte. Les survivalistes américains parlent alors de *bug in* (traduction : se planquer).

FAITES DES VOISINS !

Ne laissez pas tomber vos voisins ! Ils sont le noyau de la communauté résiliente avec qui vous traverserez la crise. Pour tenir, vos voisins sont votre principal atout ! Ils vous apprendront de nouvelles compétences, vous soigneront, vous aideront. Vous leur confierez peut-être la garde de votre maison ou de vos proches si vous devez vous absenter. C'est avec eux que vous troquerez marchandises et services. Et c'est à leurs côtés que vous patrouillerez, pour maintenir la sécurité dans le secteur... et vous battrez peut-être pour protéger votre domaine.

Que vous soyez en ville ou à la campagne, commencez dès à présent à faire connaissance avec eux, à tisser des liens, à faire copain-copain. En cas de crise, il sera tellement plus simple de prendre contact et de s'organiser !

Que faire quand ça chie dans le ventilo ?

TOUS AU *BUG IN CLOSET* !

Oubliez les B.O.B, les E.D.C ou autres bidules militaro-kitch, et optez pour le bug in closet *(l'armoire de survie). Pour tenir sans gémir et venir en aide à des voisins dans le besoin, rien de mieux que de prendre les devants et faire quelques stocks utiles et durables !*

L'assurance (sur)vie du collapsonaute

Le *Bug Out Bag*, ou BOB, est un des totems du survivalisme. Dans ce sac à dos, le *prepper* est censé trouver de quoi organiser un périple de 3 jours pour fuir la zone sur laquelle s'acharne l'apocalypse. Ce genre de kit vaut de l'or. Certains leurs consacrent d'interminables billets de blog, voire des livres entiers. À tel point que le remplissage du BOB tourne à l'obsession. À chaque nouvelle *check-list* ultime, celle-ci s'allonge, jusqu'à atteindre plusieurs centaines de produits, outils, médocs, gadgets, armes, etc. Beaucoup y investissent une petite fortune.

Problème : selon les stats' du ministère du Travail, nous ne passons que 12 heures par jour à notre domicile, où se trouve notre B.O.B. Certains déposent donc des B.O.B à leur bureau... oui, mais, comment faire si les coronazombies attaquent, alors que je suis sur mon trajet domicile-travail !? Il me faut impérativement un mini-B.O.B, que l'on appelle alors E.D.C, pour *Every Day Carry*.

Bref, la course au suréquipement n'en finit jamais et ce *business* de la peur s'avère trèèès rentable... Trop de survivalistes en ont oublié leur bon sens. Il est donc temps de revenir aux fondamentaux.

Laissez-moi vous présenter : l'armoire de survie !

Pourquoi ce nom de « bug out bag » ? Il est certainement inspiré des *bail-out bags* des pilotes de chasse américains, censés leur permettre de survivre en cas d'éjection au milieu de nulle part. Quant à l'expression *bug out*, c'est un équivalent américain du terme français "repli". Il date de la guerre de Corée. Il appelle les troupes à se replier en urgence sur une position sécurisée. On distingue souvent le BOB du EDC : le premier serait pour les urgences et le second pour tous les jours.

Prêts pour l'effondrement

À quoi sert un B.I.C, *bug in closet*, ou armoire de survie ?

Tout bon survivaliste connaît la « règle des 3 » : on peut survivre 3 minutes sans air, 3 heures face au grand froid/chaud, 3 jours sans eau et 3 semaines sans nourriture.

Le rôle de ce kit est justement de vous permettre de survivre aux 3 premiers jours d'une crise. Pas question d'ouvrir un mini-market de l'apocalypse, ni de résoudre chaque problème ou soigner chaque bobo par un nouveau bidule hors de prix !

L'erreur serait de chercher à répondre à tous les scénarios de fin du monde (panne électrique, tremblement de terre, bombe atomique, guerre civile, tsunami, zombies-vampires…) en achetant tout un tas de gadgets merveilleux et de passer en mode achat compulsif-panique.

Je vais donc tenter de rationaliser tout ça. La question est simple : **de quoi aurez-vous besoin si vous êtes confinés chez-vous, en attendant que l'hystérie collective retombe ?**

La loi des 6 C

Ayez à disposition de quoi…

-(Vous) **c**ouvrir, vous abriter, vous réchauffer (couverture de survie, ou en laine, sac de couchage, poncho, tente…)

-**C**ouper des aliments et des matériaux (un bon gros couteau, quoi).

-**C**ontenir de la nourriture, de l'eau (poche à eau, gourde, casserole…)

-**C**uire des aliments, faire bouillir de l'eau, vous réchauffer… (briquet, FireSteel, bougie…)

-**C**ommuniquer avec d'éventuels coéquipiers, voisins, autorités (radio, talkie-walkie…)

-**C**ordes aidant à construire un outil, voire un abri, à tendre le linge ou une bâche, à pêcher…

Que faire quand ça chie dans le ventilo ?

AVEC QUOI REMPLIR VOTRE ARMOIRE DE SURVIE ?
Trois règles d'or

Règle n°1 : soyez minimaliste

Ces trucs sont censés vous sauver la vie. Donc, n'achetez pas de la camelote. Inutile, par contre, de vous ruiner en rations lyophilisées saveur chevreuil et autres barres énergétiques choco-banane : de simples conserves et des gâteaux secs longue-conservation suffiront amplement (je détaillerai tout cela plus loin).

Oubliez le réchaud à gaz, la pince monseigneur ou le stylo tactique brise-vitre.

Par contre, offrez-vous un récupérateur d'eau, un *Camel Bag* pour transporter de l'eau puisée à une source ou un puits, ainsi qu'un purificateur d'eau de qualité (type Berkey).

Règle n°2 : soyez flex

Restez prêt à répondre à l'imprévu. Emmagasinez des savoirs plutôt que des objets. Faites des randonnées (par exemple une longue marche en famille, pour connaître vos limites et celles de vos proches, notamment les enfants). Plus vous serez expérimentés, mieux vous vous adapterez. Donnez la priorité aux produits à multi-usages, comme l'adhésif *Duck Tape,* aussi utile pour colmater une fuite dans la tente que réparer une sangle de sac ou fixer une attelle (avec épilation gratuite en prime !).

Afin de constituer les stocks de nourriture, partez du principe que chaque membre de votre famille aura besoin de 2 repas par jour constitués de 2 éléments et qu'il est nécessaire de varier les aliments pour maintenir un bon moral des troupes. Chef, oui chef !

Gare au cru ! En ville, stockez toujours des aliments déjà cuits, qu'il s'agisse de légumes, de légumineuses ou de pâtes (hmmm les bons raviolis au coulis en boite !). Car, en cas de coupure d'électricité, de gaz ou d'eau, vous risquez de manger des coquillettes sèches et des haricots crus. C'est croquant, mais pas vraiment gourmand ! Pour les mêmes raisons, réduisez les stocks surgelés à deux repas maximum.

Règle n°3 : soyez (déjà) autonome

L'effondrement ne sera pas « temporaire ». Un stock de survie doit être durable, pour vous permettre de faire face à une crise majeure puis à ses conséquences.

Donc, ne visez pas seulement à tenir 96 heures. Pensez à *long terme*. Ne vous encombrez pas de piles, de gel douche et autres produits non renouvelables. Cela vous évitera de faire de coûteuses erreurs.

Le saviez-vous ? Si une panne d'électricité met hors-service les pompes d'un château d'eau, celui-ci continuera à livrer l'eau pendant une journée environ. Mais, sans réparation, il n'y aura rapidement plus d'eau au robinet.

Que faire quand ça chie dans le ventilo ?

STOCK – LA BUG-IN CHECK-LIST
4 JOURS, 4 PERSONNES, 100 % AUTONOMES

20 trucs à stocker dès à présent, pour ne pas être dépourvu quand la bise sera venue !

Trousse : papier, stylos, crayons, adhésif Duck Tape..	
Lampe et chargeur à piles, à dynamo ou batteries solaires	
Boite de jeux (dames, échecs, jeu de l'oie...), dés et cartes	
Bicarbonate de soude et acide citrique (nettoyage et hygiène)	
1 mètre de cordes (cela peut être un bracelet paracorde)	
Couteau suisse	
Fruits secs et fruits déshydratés	
1 500 euros d'argent liquide	
Pur jus de citron en bouteille (hygiène et hydratation)	
50 Masques FFP3	
Cocotte en fonte	
16 conserves de légumes, céréales et légumineuses précuits	
Sucre (pour son effet psychotrope et calmant)	
Grands sacs-poubelle (ils peuvent avoir de multiples usages)	
Trousse de premiers secours avec couverture de surv_e	
Briquets jetables	
Brosses à dent	

Je reviens plus en détail sur cette liste **PAGE 158.**

Si la simple idée d'avoir à préparer ce B.O.C vous angoisse, rendez-vous immédiatement **PAGE 244** !

Faire des enfants, maintenant… ?
Est-ce bien raisonnable ?

À quoi bon se reproduire quand l'effondrement est si proche ? Engendrer un pollueur-affamé supplémentaire est-il vraiment une bonne idée ? Voici de quoi nourrir votre réflexion.

LES BÉBÉS, C'EST COMME LES PAILLES EN PLASTIQUE ?

Le temps de lire les paragraphes qui suivent, deux bébés seront déjà nés, quelque part dans le monde.

Nous sommes 7 milliards d'humains et nous avons déjà quasiment épuisé les ressources naturelles. À quoi bon donner naissance à une nouvelle génération, condamnée à subir mille et une catastrophes climatiques et abandonnée à un avenir de pénuries d'eau, de nourriture et d'énergie ?

Ne serait-il pas plus raisonnable de s'abstenir d'enfanter ? Seriez-vous prêt·e à rejoindre les rangs des ginks (pour *green inclinated no kids* = pas d'enfants par choix écologique) qui considèrent qu'un enfant en moins est un des gestes les plus efficaces qui soient pour réduire l'empreinte carbone de l'humanité. On parle de « l'argument du sac plastique » (moins y'en a, mieux c'est).

Les survivalistes ajoutent à cela une seconde raison, plus stratégique cette fois : se trimbaler des chiards en milieu hostile ne serait pas vraiment un bon plan survie.

Vulnérables, inaptes au travail, coûteux en vivres, les mioches seraient les boulets du *bug-outer* surentraîné. Et pourtant…

DE LA RENTABILITÉ DES MOUFLETS

Il est vrai qu'en cas de basculement vers des conditions de vie proches de celles des années 1920, faire un enfant représentera une sacrée prise de risque.

Certes, jusqu'à ses dix ans, il restera une bouche de plus à nourrir. Mais, ensuite, il apportera ses deux bras pour aider au jardin, à porter des charges, défendre la famille ou s'occuper des corvées du ménage.

Faire des enfants, maintenant... ?

Ne prenez donc pas cet air dégoûté ! Dans l'Europe rurale de la fin du XIXe siècle, les enfants participaient aux travaux agricoles durant le printemps et l'été, tandis que les mois d'hiver étaient consacrés à l'éducation. Le travail s'effectuait en famille, sous la protection des parents. Les enfants surveillaient les bêtes et aidaient aux tâches ménagères. Politiquement, ce travail de l'enfant était vu de manière positive.

C'est l'industrialisation croissante qui le transformera en quasi-esclavage : les enfants seront alors contraints à travailler dans les usines ou les mines, dans des conditions dégradantes. Face à ces abus, des lois sur la protection de l'enfance et l'école obligatoire seront votées autour de 1900. À cette époque, naît l'idée que le XXe siècle sera « le siècle de l'enfant », une expression empruntée à l'écrivaine Ellen Key, auteure de *The Lion's Whelp*.

Eh oui, élever des enfants est tout à fait compatible avec la vie en autonomie. Ils seront d'ailleurs le ciment de la collectivité la plus fiable sur laquelle vous reposer : votre famille.

Et puis, lorsque votre taf et Netflix auront disparu, vous serez (parfois) bien heureux d'avoir des bambins pour briser votre ennui.

Enfin, quand vous aurez atteint un âge avancé... ce sera vous, la bouche en trop à nourrir ! Et ce seront vos chiards qui subviendront à vos besoins, jusqu'à la fin de vos jours – et non plus un EHPAD ou la Sécu. Hmmm, la belle-mère *at home* 24h/24, quel bonheur !

Au-delà de ces considérations triviales, les psychologues ajoutent que l'enfant est certainement le seul être capable de donner un sens et un but à une vie humaine. Alors, *what else* ?

À lire : *Faut-il faire des enfants ?* (2002). Un essai du philosophe Bruno Jay qui soulève une carence dans l'histoire de la pensée occidentale, « *comme s'il y avait un refus plus ou moins conscient de s'emparer de cette problématique* ». On y lit un examen critique et méthodique de la procréation et de notre rapport à l'enfantement. Très décomplexant !

Les *ginks* et *no-baby* ne seraient donc pas si fins tacticiens que cela. Peut-être leur choix serait-il une façon de transformer leurs échecs sentimentaux ou leur amertume en une décision tactique hyper-rationnelle ? Peut-être sous-estiment-i·els leur instinct de conservation et de reproduction ?

Prêts pour l'effondrement

Quoiqu'il en soit, leur choix soulève une question philosophique qui mérite d'être posée : revient-il aux humains de décider de mettre fin à leur propre espèce ? Je *drop the mic* sur cette question.

Si cette lecture n'a pas entamé votre désir d'enfant... Il vous sera certainement utile d'apprendre à les occuper sans écran ni électricité. À ce propos, quelques conseils vous seront prodigués **PAGE 142.**

De toute façon, si vous n'aviez pas prévu d'en faire, vous pouvez **TOURNER LA PAGE.**

Faire des enfants, maintenant… ?

Mais alors, si le monde n'a absolument aucun sens, qu'est ce qui nous empêche d'en inventer un ?

Alice au pays des merveilles

Prêts pour l'effondrement

Nous sommes des grenouilles
plongées dans un bain d'eau
posé sur un réchaud
attendant que ça bouille

Faire des enfants, maintenant... ?

Une transition qui parle de transition

C'est malin, non ?

Prêts pour l'effondrement

Démarrer sa transition vers une vie simple et autonome

La première étape de la transition vers l'autonomie, c'est la déconsommation. Si je voulais être provocateur, je dirais que l'autonomie, c'est juste de la radinerie *green*. Mais « simplicité volontaire » c'est quand même plus joli. C'est le retour volontaire à un niveau de confort comparable à celui des années 1920, 30 ou même 1950, soyons fous !

À ce stade, les seules questions à vous poser sont : suis-je prêt·e à...
-renoncer à mon confort pour une vie d'efforts et de frugalité ?
-abandonner (progressivement) mon techno-cocon douillet ?
-rompre avec la facilité de pouvoir tout acheter, tout de suite et sans bouger ?
-entrer dans une vie de choix limités, de temps long et d'efforts quotidiens ?

Prenez quelques minutes pour répondre à ces questions.

DÉSINTOX

Alors, oui, vous êtes peut-être zéro déchet. Ou végétarien. Vous avez peut-être des panneaux solaires. Ou bien vous faites pipi sous la douche, et vous arrosez vos plantes avec de l'eau de pluie. Bref, vous êtes un colibri. Super ! Mais, désolé de vous l'apprendre, malgré tout, vous restez un drogué de la consommation. Il faut comprendre que les centaines de minutes de publicité auxquelles nous sommes confrontés chaque jour depuis des décennies nous ont tous conditionné. Et que la seule solution pour en sortir est de se déconnecter. Je suis conscient qu'il y a un aspect Matrix dans ce que je suis en train d'écrire. Mais je l'assume.

Alors, comment faire pour sortir de cette addiction à la consommation ?

Eh bien, comme on fait avec n'importe quelle addiction !

Une transition qui parle de transition

J'ai posé la question à des psychiatres. Ils m'ont répondu que la solution venait toujours d'un sevrage accompagné d'un changement d'environnement : il vous faut une cure de désintox de conso !!!

Commençons par se fixer des limites claires et simples. Notamment : rien de neuf, zéro emballage plastique, zéro commande sur une plate-forme d'e-commerce, et zéro supermarché. Ça va être dur, dur !

Quant au changement d'environnement ? Hum… Je ne vais pas vous demander de tout lâcher pour aller vivre dans une cabane.

Car, ce n'est pas tant votre environnement qu'il faut changer… que votre manière de penser. Bref, la simplicité, c'est un état d'esprit. Une manière de voir les choses. De voir sa vie quotidienne. De construire sa journée, son planning. Son rapport aux autres, aussi. Voire, même, de construire sa carrière.

FIN DU MONDE, FIN DU MOIS, MÊME COMBAT

C'est un slogan pour lequel j'ai de plus en plus d'affection.

Oui, dé-consommation = écologie. Oui, la seule énergie et la seule viande qui ne pollue pas, c'est celle qu'on ne consomme pas. CQFD.

Et puis, dé-consommer, c'est économiser. En entrant dans l'autonomie, vous allez vous enrichir.

Vous allez voir, c'est étonnant !

Certes, cette réduction drastique de vos dépenses n'augmentera pas vraiment votre « pouvoir d'achat »… Puisque vous n'aurez plus envie de consommer ! Logiiiiique.

Par contre, elle augmentera votre capacité de désendettement et d'investissement dans le monde d'après !

Le désendettement, c'est un des objectifs prioritaires d'une personne qui entre dans une démarche d'autonomie.

Parce qu'évidemment, on ne peut pas être autonome si on dépend d'une banque ou d'un organisme de crédit pour la chose la plus importante qui soit : avoir un toit au-dessus de la tête.

L'AUTONOMIE EST UN CHEMIN

Je n'ai pas de formule magique pour atteindre l'autonomie en 365 jours et demi. Par contre, je peux vous confier 4 grands principes en guise de boussole, pour vous orienter sur le chemin de la simplicité.

1-Priorité à l'essentiel

Je pars du principe que l'essentiel, c'est de respirer un air pur, boire de l'eau potable, manger sainement et dormir sans grelotter. Le reste, c'est du luxe.

C'est à ces essentiels que 80 % de votre temps et de votre budget doivent être consacrés.

2-Tout réutiliser

Je n'ai pas dit recycler ; mais ré-u-ti-liser. Le recyclage est un leurre écologique. Il n'est pas total et consomme de l'énergie. Donc, arrêtez de jeter et réutilisez !

Ça veut dire quoi ? Le papier blanc et le carton partent au feu. Un vêtement en fin de vie devient un chiffon, un sac ou un filtre. Une bouteille de verre vide devient récolteur d'eau de pluie, un vase, un contenant quelconque. Un vieux livre, un CD, un tableau dont on a plus envie, ça se donne. Le papier journal a plein de réutilisations méconnues ! Bref, en cherchant à atteindre le zéro déchet, vous développerez votre créativité !

3-Transformer ses problèmes en solutions

En pratique, cela veut dire « faire avec les contraintes ». Ne pas chercher à les contourner, ni à les briser ; mais jouer avec.

On retrouve cette philosophie un peu *punk* dans le concept de *funemployment*, selon lequel se retrouver au chômage est une super occasion pour réaliser ses rêves ou vivre de sa passion. Ouais, plutôt bof, n'est-ce pas ?

L'HEURE DES RECOMMANDATIONS… ET DES CHOIX

La dé-consommation, ce n'est pas l'autonomie. L'autonomie est un chemin dont la première étape est la dé-consommation. La seconde est la formation. Et la troisième : l'auto-consommation. Voici quelques outils pour vous guider sur ce chemin.

1-Faites le récit de votre journée-type pour y trouver tous les espaces où vous pouvez dé-consommer et auto-consommer.

Faites-le à votre rythme et selon votre nature. Passez-y quelques jours. Soulevez des questions. Puis cherchez des réponses. Comment économiser l'eau ? Quel vélo choisir ? Ou plutôt des rollers ? Ce genre de questions. Gardez toujours à l'esprit que dé-consommer, c'est prévoir !

2-Une des premières étapes pour entrer dans la simplicité, c'est le désencombrement.

Videz votre maison de tout ce qui n'est pas essentiel. La méthode des minimalistes pour y parvenir est de bazarder, donner, vendre ou réutiliser 1 objet le premier jour, 2 pendant le deuxième et 30 le trentième jour. On ne garde que ce qui est utile au quotidien ou qui apporte du plaisir. Par exemple : un beau tableau, une paire de baskets-pantoufles ou un livre qu'on aime relire.

3-Interdisez-vous tout achat sur une plateforme en ligne, au supermarché ou emballé dans du plastique !

Je peux vous assurer que ces contraintes vous rendront la vie impossible jusqu'à ce que vous trouviez un *vraqueur*. Vous allez aussi apprendre à dire non à des commerçants qui vous vendent des trucs sur-emballés. Ça les fera peut-être réfléchir. Ou pas !

Autre défi : ne plus rien acheter d'entièrement neuf, sans l'avoir préalablement chiné sur Leboncoin et ses alternatives. Seuls les sous-vêtements font exception… quand-même !

4-Modifiez votre régime alimentaire pour le rendre soutenable.

N'oubliez pas qu'une grande partie de la pollution liée à l'agriculture est due à la production de viande et de céréales pour les nourrir. Sachez aussi que le vrai problème des océans est son pillage et sa pollution par les industriels qui y prélèvent du poisson. Vous voyez où je veux en venir !

5-Bannissez de votre régime les sucres raffinés et réduisez les aliments à levures (pain, bière, fromage, vin, etc).

Pourquoi ? Parce que c'est ce qui compose la bouffe industrielle et ce qui nous rend gras. Je sens que je viens pas de me faire des amis...

6-Remettez les écrans à leur place.

Faites une *digital detox* en réduisant votre utilisation des réseaux sociaux. Sanctuariser la chambre et le repas. *No screen allowed* !

7-Formez-vous à une activité – voire un métier – *low-tech* !

Les *low-tech* sont la clé pour entrer dans une économie « décroissante », où l'objectif n'est pas de produire PLUS, mais de se recentrer sur l'essentiel. Si les techniques/outils que vous utilisez dans votre job actuel ne sont ni accessibles au plus grand nombre, ni durables... Il y a peu de chances pour que votre emploi survive à l'effondrement ! Intéressez-vous dès maintenant à l'éco-conception, aux technologies résilientes et à l'art de la réparation...

8-Dernière chose : ne restez pas seul face à ce défi.

Rejoignez des communautés *in real life* ! Je recommande le réseau de l'Adaptation Radicale francophone (adaptationradicale.org). Vous y croiserez une grande variété de profils, du collapso au fan de *low-tech*, en passant par le permaculteur passionné de vannerie sauvage.

Une transition qui parle de transition

La transition urbaine, mission impossible ?

De quoi parle-t-on ? Par « urbaine », j'entends une zone à forte densité de population au km². Pour faire simple : si vous êtes entourés d'immeubles, ou cernés par les pavillons... vous êtes en zone urbaine. Mais si votre maison est bordée par la verdure, les bois et les champs, z'êtes en zone rurale... et pour vous, ça se passe plutôt **PAGE 109**.

Des villes autonomes en énergie et nourriture ? C'est pas gagné ; mais pas impossible non plus ! En fait, les centres urbains ont tout intérêt à gagner en autonomie, pour éviter de sombrer dans la guerre civile. Alors, autant s'y mettre tout de suite – notamment si vous n'avez pas les moyens de vous offrir une base autonome champêtre !

Oubliez les délires de *smart cities*, de Grand Machin et de zones commerciales périphériques 100 % bagnole *friendly*. Oubliez le métro-boulot-dodortoir pavillonnaire. La ville post-collapse sera bien plus proche des communautés villageoises du XVIIIe siècle, ou des *communities de farmers* américains du *wild wild west*.

Certains collapsologues avancent les concepts d'éco/bio-régions : des bassins de vie ressemblant aux cantons suisses. Une vision quelque peu idéalisée et dépolitisée, je dois dire. D'ailleurs, je ne peux m'empêcher de penser à la Comté des Hobbits, imaginée par J.R.R Tolkien pour *Le Hobbit* et *Le Seigneur des Anneaux*.

À lire : vous ne pouvez pas vous lancer en quête de résilience urbaine sans avoir, sur votre table de chevet, l'on-ne-peut-plus-fameux *Manuel de Transition* de Rob Hopkins, fruit de dizaines d'années d'expérimentations dans plusieurs petites villes britanniques. In-con-tour-nable.

DEUX VISIONS DE LA CITÉ IDÉALE POST-COLLAPSE

Je ne suis ni architecte, ni urbaniste. Je n'ai pas la prétention de vous révéler un modèle clés en main d'éco-hameau qui marche à tous les coups. Mes recherches m'ont cependant permis de découvrir deux sources d'inspiration pour les transitionneurs, ruraux comme urbains.

Prêts pour l'effondrement

La première, c'est le plan de l'abbaye bénédictine de Saint-Gall, construite au VIIe siècle en Suisse alémanique. Pourquoi un monastère ? Parce que je fais confiance à l'expérience séculaire des moines pour organiser des communautés autonomes. Jetez-y un œil : ce plan n'a rien à envier au design permacole. Tout y est !

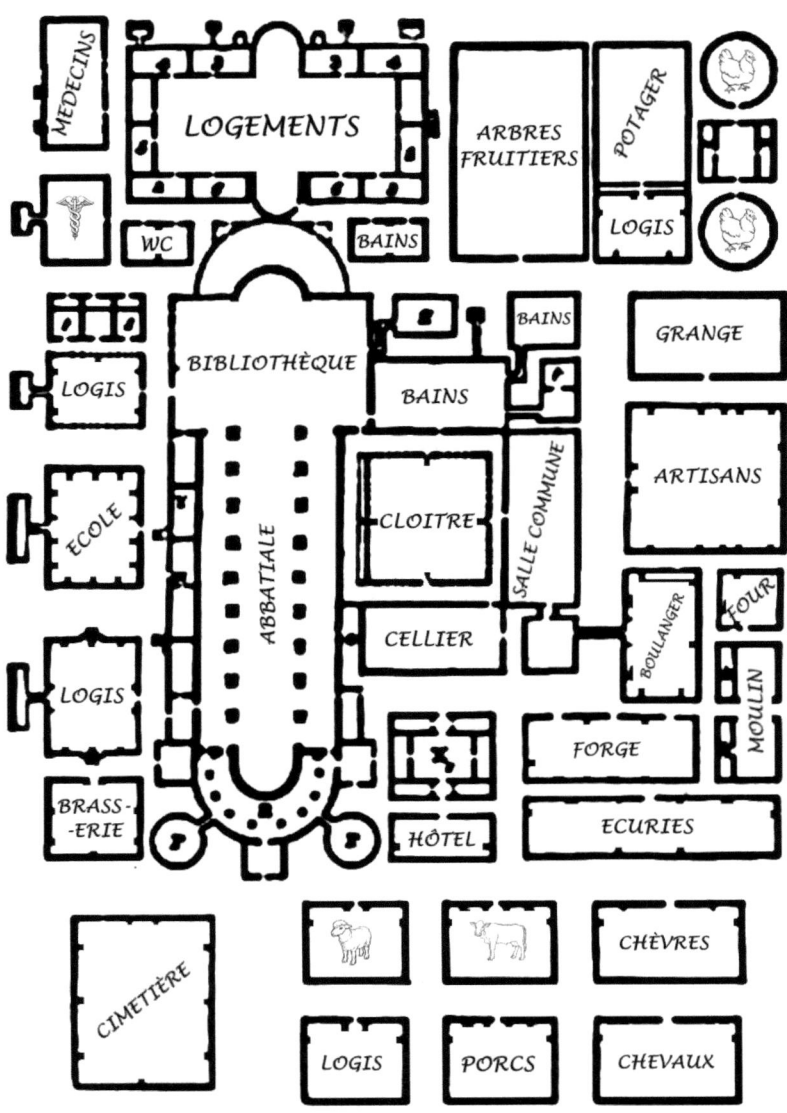

Une transition qui parle de transition

Ma seconde source d'inspiration, c'est la cité-jardin imaginée par l'urbaniste britannique Ebenezer Howard en 1898, en réaction aux nouvelles villes industrielles polluées. Son idée est à l'origine de projets d'écoquartiers, d'éco-cités ou de kibboutz ! En voici un plan :

Je vous laisse vous imprégner de ces deux projets fondamentalement différents, et imaginer celui de votre cité idéale.

Prêts pour l'effondrement

LES LIMITES À LA TRANSITION URBAINE

Le principal défi des transitionneurs urbains, c'est d'assurer un approvisionnement alimentaire décarboné (sans besoin de livraison lointaine) pour beaucoup, beaucoup de monde. Autrement dit : c'est d'inviter la campagne au cœur de la ville.

Alors, oui, les « fermes de quartier » poussent ici et là, comme des champignons. Des maires écolos envisagent même de ré-ensauvager les bois qui bordent leur ville et y assurer une renaissance de la biodiversité.

Mais végétaliser une ville, c'est une autre paire de bretelles !

Ne croyez pas qu'il soit aisé de remplacer une partie du bitume par des sols cultivables et les platanes des trottoirs par une agro-forêt d'arbres fruitiers, ni d'installer des potagers dans chaque parc, jardin, cimetière, toit et terrasse disponibles.

Cette désartificialisation ne suffira pas à nourrir les populations urbaines. Du moins, pas avant des décennies ; car les sous-sols des villes sont souvent pollués, de même que les cours d'eau urbains. Mais surtout, sachez qu'un sol qui a été bétonné exige des années de travail, avant de redevenir fertile !

Parfois, la taille, ça compte !

Soyez raisonnables et reconnaissez que le modèle des grandes villes européennes densément bétonnées et séparées des zones agricoles par de vastes banlieues dortoir et des zones industrielles... est à chier ! Totalement dépendantes des combustibles fossiles et de l'énergie électrique, ces villes n'ont aucune résilience. Une pénurie durable de ressources les plongeront inévitablement dans le chaos.

Pour vous faire une idée d'à quoi ça pourrait ressembler, *bindgewatchez* la série Révolution, créée par Eric Kripke et produite par NBC. L'histoire d'une famille luttant pour sa survie, 15 ans après qu'un *black-out* global ait fait disparaître toute forme d'énergie électrique, dans une Amérique sous la férule de milices ultra-violentes. Je sais, ça donne (pas) envie !

Penser résilient, c'est penser petit... mais pas trop.

La transition urbaine exige de déconstruire la ville. De la redécouper en espaces capables de nourrir une communauté humaine. Mais attention : une micro-communauté risque d'être vulnérable. Tandis qu'un super-village sera rapidement ingérable.

Une transition qui parle de transition

Évidemment, la taille optimale de votre communauté dépendra de nombreux facteurs. Notamment du ratio d'habitant / m² de terre cultivable. En effet, on lit souvent que, pour nourrir une famille de 4 personnes, la surface de potager recommandée se situe autour de 500 m², soit 12 hectares pour 1000 personnes.

Il n'existerait donc pas d'idéal de communauté urbaine résiliente. Et pourtant, sous la plume des experts en transition, on voit souvent revenir le chiffre de 500 habitants. Un chiffre un peu magique, qui semble remonter à l'Antiquité.

Comment ça !? Vous ne saviez pas qu'une légion romaine était constituée de cohortes de 480 hommes (soit 6 centuries de 80 hommes) ? Ni que l'armée spartiate était divisée en bataillons (*lochoi*) de 512 hommes (soit 4 *pentécostyes* de 128 hommes) ? Quant aux bataillons des armées européennes, ils réunissent entre 500 et 800 hommes depuis le Moyen Âge.

Comme si un groupe de 500 personnes était *naturellement* plus facile à organiser, déplacer, protéger et nourrir...

D'ailleurs, Guillaume Faburel, auteur de *Pour en finir avec les grandes villes* (éd. Passager Clandestin, 2020), m'expliquait récemment que « *les communautés que j'ai visitées et qui sont vraiment proches de l'autonomie, dépassent très rarement les 500 ou 600 personnes* ».

Par contre, il y a peu de chance que la communauté d'Uli Alto (un village pyrénéen autosuffisant de 50 habitants décroissants) puisse résister à l'invasion d'habitants d'autres quartiers, ou à une attaque de bandits façon *western*.

Si atteindre l'autonomie en ville est pratiquement impossible, les urbains peuvent aussi faire le choix de donner du temps à aider une association zéro déchet, un projet de jardin partagé, de compost en pied d'immeuble, d'atelier de réparation, etc...

De plus, rien n'interdit de récolter de l'eau de pluie sur son balcon, d'auto-produire son électricité avec un petit panneau solaire, de consommer des produits locaux, et de participer à des groupes de troc ou d'entraide...

Faites marcher votre créativité !

Prêts pour l'effondrement

ET SI VOUS FONDIEZ VOTRE MOUVEMENT DE TRANSITION URBAINE ?

Si vous lisez ce livre, c'est que vous êtes prêt·e·s à passer à l'action. Alors, on oublie le « syndrome du changement d'ampoule » (chacun s'occupe de son foyer et l'État se charge du reste) et on se sort les doigts de la prise ! Pour vous aider à créer cette super assoc de quartier qui va changer le visage de votre ville, voici un petit coaching qui mêle les préceptes de Rob Hopkins à des recettes de mon cru :

<u>Pour recruter vos premiers membres</u>, menez une opération de sensibilisation des habitants de votre quartier à la nécessité de fonder une agriculture urbaine (porte à porte, conférence…). Vous allez voir, le thème est porteur !

Lors de votre première réunion, <u>commencez par un *brainstorming*</u> permettant de dessiner votre idée d'un « futur désirable », en donnant une réponse commune à la question : « *mais dans quel monde on veut vivre, bordel !?* »

Dès cette première réunion, <u>désignez un groupe de pilotage</u> qui ne disposera que d'un seul mandat pour agir et dont la date de remplacement est prévue dès le départ. À bas la tyrannie !

Ne perdez pas de temps à créer des comités Théodule pour rédiger des constats : <u>passez à l'action le plus vite possible !</u>

Votre première mission : <u>obtenir un terrain cultivable</u> où installer un potager partagé qui servira de lieu de formation au jardinage et au maraîchage pour vos membres et leur famille. Commencez petit : ambition = piège à cons.

<u>Ne créez pas de structure inutile :</u> appuyez-vous sur les associations existantes. Vous ne paperasserez paaaas !

Dans votre organisation, appliquez la règle du « 1 objectif + des moyens + 1 porteur de projet » mais <u>ne désignez pas de *responsable, de directeur* ou de *chef*</u>. Zéro ego !

Le secret des *zapatistes* pour un « bon gouvernement »

Les indiens rebelles du Chiapas (Mexique) fondent leur système politique sur le principe de « gouverner en obéissant ». Les élus n'ont ni pouvoir, ni avantage : ils exécutent. Ils sont révocables, bénévoles et n'ont pas le temps de se spécialiser.

Une transition qui parle de transition

<u>Surtout pas de micro-management</u> : privilégiez l'autonomie, l'auto-organisation et la prise d'initiative. En mode jeune pouce !

<u>Ne cherchez pas la performance ou la réussite</u> : considérez l'erreur comme la normalité et la réussite comme une exception qu'il faut célébrer ! D'ailleurs, il faut toujours célébrer une réussite et ne jamais la considérer comme allant de soi. Allez, tchin-tchin !

<u>Priorité à la créativité</u> : à chaque circonstances locales, sa diversité de solutions. Faites discuter des profils différents, ça aide !

<u>Informez les élus locaux</u> de vos réunions mais ne les invitez pas. Ils doivent juste savoir que vous existez. Gardez à l'esprit que la solution ne viendra pas des institutions, car leurs seules boussoles sont le taux de croissance du PIB, le taux de chômage et le taux d'imposition. Le reste est, pour eux, *décroissant* (comme ils disent) et dangereux.

<u>Pas de plan sur la comète</u> ni de rétroplanning ultra-précis : partez du principe que la réalité défiera toujours les prévisions et qu'il faudra réajuster. Restez *smooth* !

Dans vos débats : <u>bannir les réflexions négatives qui ne débouchent pas immédiatement sur une solution concrète</u>. Limiter le blabla en réduisant le temps de parole à 2 minutes. Ceux qui souhaiteront faire une déclaration devront en informer l'organisateur et l'inscrire à l'ordre du jour. *Ok boomer ?*

<u>Respectez toujours la réglementation et les procédures</u>, même si la règle ne vous est pas favorable. Obtenez, par du *lobbying*, une décision assurant une protection juridique à votre organisation. Un jour, ce projet pourrait grandir et gêner. Il ne faudrait pas qu'il soit bâti sur des fondations fragiles.

Laissez-vous guider par les pas-à-pas conçus par le collectif des Greniers d'Abondance, et disponibles sur leur site web : resiliencealimentaire.org

Prêts pour l'effondrement

Votre mouvement de transition urbaine doit-il faire de la « politique politicienne » locale ?

Au départ, tant que vous agirez à petite échelle, les acteurs publics locaux vous aideront : un terrain par-ci, quelques panneaux solaires par-là... Mais vous remarquerez qu'avec le temps, ils auront de plus en plus de mal à comprendre et soutenir votre initiative, qu'ils jugeront « décroissante » et potentiellement dangereuse pour l'économie et l'emploi de leur ville (comme s'ils en étaient les suzerains).

Cette diabolisation de l'écologie est inévitable : l'idéologie qui façonne l'esprit des décideurs administratifs et politiques actuels est en totale contradiction avec les idées de déconsommation, de désindustrialisation, de relocalisation de la production et de décentralisation de la décision. Ce n'est même pas un complot des *lobbies* capitalistes... mais simplement le pouvoir d'inertie d'une myriade de PME et de grandes firmes qui défendent leur *beefsteak*, dans un même élan et avec les mêmes méthodes. Ils sont le pot de fer techno, vous êtes un pot de terre écolo. Le combat est perdu d'avance.

Pourtant, beaucoup m'affirment que la 1ère étape de la construction d'un écoquartier, c'est de changer de maire ! Belle idée... mais vouée à l'échec. Le pouvoir des élus locaux est insignifiant. Leurs budgets sont contraints par des investissements de long terme (équipements, immeubles...), des dépenses incompressibles (RH, aides sociales...) et, côté recettes, l'État ne verse ses dotations que dans le cadre de contrats contraignants. Depuis 20 ans, nous assistons à une décentralisation des dépenses et une recentralisation des recettes. Bref, il n'ont de « pouvoir » que celui d'interdire et d'attendre. Un exemple : la ville de Nantes a mis 20 ans à devenir une des « capitales vertes de l'Europe », alors que Jean-Marc Ayrault en était à la fois Maire, Député, Président de l'intercommunalité et fut premier Ministre ! **Le temps de la politique est bien trop long pour les urgences actuelles.**

Ne perdez donc pas le votre (ni votre argent) dans des campagnes politiques. Votez et faites voter pour les candidats qui vous soutiendront, mais ne croyez pas qu'il soit utile d'être *ce* candidat ou *cet* élu. Au contraire : vous y perdriez votre liberté d'action. Vive la société civile !

Une transition qui parle de transition

LE CARNET D'ADRESSE DU TRANSITIONNEUR MALIN

CONSTRUIRE SON RÉSEAU DE RÉSILIENCE LOCALE

Ça y est, vous êtes (enfin) prêt·e ! Dans un foyer qui dispose d'une source d'eau potable, produit sa propre énergie et dont le jardin potager (partagé ?) peut nourrir votre famille. *Mais si tu t'imagines qu'ça va durer toujours, c'que tu te goures !* Car votre base ne deviendra autonome et durable qu'en s'intégrant à une communauté résiliente. C'est ce qui fera toute la différence entre vous et le survivaliste musclé que la solitude rend peu à peu parano. Ne commettez pas l'erreur de construire votre résilience sur l'isolement.

L'autosuffisance absolue n'existe pas : vous dépendrez toujours de quelqu'un d'autre. Toujours. Et vous aurez intérêt à privilégier une division du travail fondée sur des spécialisations : l'un élèvera des volailles, l'autre réparera les maisons et le troisième sera vétérinaire...

Concrètement, une communauté résiliente peut prendre 3 formes : une famille, un réseau de voisinage ou un village/écohameau.

Dans un contexte où les services essentiels sont *all fucked up*, votre famille ne suffira plus. Quant aux décideurs privés et publics locaux, vous aurez toutes les difficultés du monde à les déconnecter du téton de l'État auquel ils s'agrippent goulûment. Il ne vous restera donc plus que votre carnet d'adresse perso. Et il est temps de l'étoffer !

En 2-2 : c'est quoi la résilience ?

Dans leur *Petit traité de résilience locale* (2017), les membres de l'Institut Momentum écrivent qu'être résilient c'est « *triompher de l'adversité avec les moyens dont on dispose* » avant de préciser « *qu'être résilient tout seul n'est pas suffisant [car] la résilience repose sur le lien entre les individus.* »

Bref, il faut envisager la résilience comme une « chose commune », en s'inspirant de l'excellent *Manuel de transition* (De la dépendance au pétrole à la résilience locale), écrit par Rob Hopkins en 2008.

On y lit qu'un « espace de résilience » est une communauté « capable de s'organiser pour répondre à ses besoins dans une période difficile ». C'est une « toile », un réseau local d'entraide, basé sur l'interdépendance, la confiance et la solidarité.

LES TROIS CERCLES DE LA RÉSILIENCE

1-La famille

Chacun dispose de ressources (2 bras, 2 jambes, 1 cerveau, une belle voix…) qu'il peut mettre au service de ses proches.

Certains ont déjà la famille parfaite : parent n°1 chirurgien dentiste, parent n°2 prof des écoles, grand-parent n°1 fleuriste, grand-parent n°2 maçon, enfant n°1 sportif de haut niveau, enfant n°2 infirmier, plus un chien de berger et un chat trop mignon.

Mais d'autres sont cernés de bras cassés, de nuls-à-tout et d'inspecteurs des travaux finis. Leur chien est une saucisse et leur chat pervers. Si vous êtes dans ce second cas… Il va falloir élargir votre communauté à d'autres membres.

Si vous n'avez pas encore d'enfant et que vous vous interrogez sur l'opportunité de procréer au bord du précipice, posez un marque page à la **n°82.**

2-Le réseau de voisins

Il s'agit d'un réseau d'une dizaine de personnes situées à une heure de vélo ou de cheval de votre domicile (moins de 10 km) et dont les compétences complémentaires représentent les 12 fonctions essentielles dans une société (voir **PAGE 103**).

Plus tôt vous tisserez cette toile autour de vous, mieux vous entretiendrez ces relations/amitiés et plus vous serez protégés.

Soyez prêt·e à faire des efforts de socialisation : bâtir un réseau exige de donner avant de recevoir.

Apprenez à rendre service gratuitement, à offrir des cadeaux, à partager votre savoir-faire.

Bref : créez du lien !

Conseil de lecture : *L'entraide, l'autre loi de la jungle*, par Pablo Servigne et Gauthier Chapelle (2019).

Une transition qui parle de transition

3-Le village/la commune

On est ici à l'échelle d'une commune de 100 à 500 habitants environ.

Pourquoi 500 ? Les curieux trouveront la réponse **PAGE 97**.

C'est à cette échelle que de nombreuses associations tentent d'établir les conditions d'une (re)localisation de la production agricole et artisanale, afin d'atteindre un mode de vie plus frugal et écologiquement viable : des potagers partagés, une monnaie locale, une foire au troc, un journal citoyen, un réseau électrique coopératif… Une communauté organisée et soudée, dont les membres prennent soin les uns des autres.

Néanmoins, n'oubliez pas la difficulté d'assurer le vivre-ensemble : dans l'histoire des communautés écolo, les échecs pour « incompatibilités d'humeur » sont légions.

Notre ego nous pousse à la compétition, à la critique, au mensonge.

Difficile de l'étouffer pour le remplacer par le devoir envers le groupe. Difficile de désapprendre l'individualisme pour entrer dans le collectivisme.

D'ailleurs, il n'est pas sûr que cela soit recommandé : regardez le Japon. Sous un vernis *kawaii-pop* se cache une société sous cloche, d'une violence psychologique et sociale inouïe. Peut-être faut-il davantage chercher du côté des méthodes de prise de décision et de gestion des conflits… intéressez-vous à l'holacratie, une sorte de science de la gouvernance.

Le *communalisme*, ou comment remplacer l'État et le capitalisme par la démocratie directe et la coopération. Cette organisation politique *d'écologie sociale*, imaginée en 1984 par l'américain Murray Bookchin, a inspiré les mouvements alternatifs, des zadistes aux rojavas. Que vous soyez anar, coco ou écolo, la lecture du manifeste *Pour un municipalisme libertaire* de Bookchin reste un incontournable !

Pour accélérer le basculement de votre commune vers l'autonomie, retrouvez mon kit de transition **PAGE 93**.

Si vous vous demandez encore ce que le basculement vers l'autonomie va changer pour vous, j'ai la réponse **PAGE 48**.

Prêts pour l'effondrement

LES 12 VOISINS QU'IL VOUS FAUT !

Dentiste : il est aussi médecin, donc peut se reconvertir en généraliste. Saviez vous que les douleurs dentaires sont les plus violentes et potentiellement mortelles ?
Mécano : qu'il soit spécialisé dans les véhicules ou les chaudières importe peu, le tout est qu'il sache se servir de ses dix doigts.
Maçon : privilégier quelqu'un qui bosse dans une boite « tout corps de métier », et qui a des notions de plomberie et d'électricité.
Cultivateur ou maraîcher : il connaît la terre et ses caprices.
Éleveur qui pourra vous vendre/troquer des bêtes, pour avoir des œufs et du fromage de chèvre.
Propriétaire de chevaux ou d'ânes qui pourra vous louer, troquer ou vendre un animal pour vous aider à vous déplacer.
Membre des forces de l'ordre, souvent très bien organisé, façon survivaliste, avec une connaissance des armes et du combat.
Enseignant ou assistant·e maternelle, qui aura la patience de s'occuper de vos gamins quand vous n'en pourrez plus.
Charpentier, car il connaît le bois et peut vous aider à réparer votre toit, vos murs et à faire des meubles de qualité.
Saltimbanque : l'artiste qui conte des histoires, nous fait rire, pleurer, chanter, danser et assure le spectacle, est aussi essentiel à une communauté humaine qu'un médecin ou un forgeront.
Pharmacien qui sait reconnaître champignons et plantes médicinales et peut poser un diagnostic simple. Il sera votre druide.
Le pote *joker* : il dispose d'un four à pain. Aujourd'hui, il t'invite à ses soirées pizza... demain il nourrira tes enfants.

Veillez à avoir deux soignants, mécanos et charpentiers... au cas où l'une d'entre elles viendrait à déménager ou à décéder. Oui je sais, c'est cynique. Mais bon, vous voulez survivre, oui ou merde ?

Une transition qui parle de transition

LA SOCIÉTÉ COOPÉRATIVE D'INTERÊT COLLECTIF (SCIC)
Le bon plan pour organiser sa communauté

Si vous vous demandez quel statut choisir pour votre éco-habitat groupé ou votre écohameau, laissez-moi vous recommander la SCIC.

Ce statut vous permettra à la fois d'assurer la sécurité du capital, mais aussi le partage du pouvoir et la gestion des arrivées comme des départs.

Longtemps, les communautés d'habitat cumulaient plusieurs statuts. Du genre : SCI de location (SCIL) + société coopérative (SCOP), ou Association + Société par Actions Simplifiée (SAS).

C'est pour vous éviter ce type d'imbroglio juridique que je recommande la SCIC. Réservée aux projets de l'économie sociale et solidaire, elle permet d'inviter la Mairie ou l'intercommunalité à entrer au capital. Cela assure à votre projet une reconnaissance locale, le protège et facilite les démarches administratives !

Enfin, attention à la rédaction des statuts. Faites appel à un professionnel du droit, notamment un notaire qui connaît les bons mots.

Et la *transition intérieure*, alors ?
Quelques mots sur *l'adaptation radicale*

L'adaptation radicale (ou *Deep Adaptation*) est une méthode pour se préparer psychologiquement et collectivement aux effondrements. Elle est née en 2018, avec un article de l'universitaire Jem Bendell.

On peut la résumer en quatre mots (les 4R) : résilience, renoncement, restauration, réconciliation.

Derrière ces 4R, il y a une foule de questions. Mon mode de vie est-il *résilient* ? À quoi suis-je prêt à *renoncer* pour atteindre la résilience ? Que puis-je *restaurer* (du passé, ma maison, etc...) pour traverser l'effondrement ? Avec qui/quoi puis-je me *réconcilier*, avant d'affronter les effondrements ? Répondre à ces questions, c'est engager une transition intérieure qui ne doit pas rester un exercice spirituel ou solitaire, mais être mise en pratique et partagée avec d'autres, au sein des *cercles d'adaptation radicale*.

RDV sur adaptationradicale.org

Prêts pour l'effondrement

La vie, ce n'est pas d'attendre que l'orage passe,
c'est d'apprendre à danser sous la pluie.

Sénèque

Passons aux choses sérieuses !

Il est grand temps de réapprendre les gestes et les méthodes qui vous permettront d'organiser une vie en autonomie.

C'est à cela que je vais consacrer cette partie du livre, moins théorique et plus pratique.

À vous de décider par quel bout commencer :

La maison, page 109

L'alimentation, page 165

La sécurité, page 209

La santé, page 219

Les transports, page 251

Prêts pour l'effondrement

Passons aux choses sérieuses !

LA MAISON

Prêts pour l'effondrement

Votre maison est-elle écologique ?

*Une maison écologique (c'est-à-dire collapso-compatible), a été conçue avec des matériaux sains et naturels, de façon à économiser l'énergie (isolation, orientation) et à réduire son impact sur l'environnement. Votre foyer entre-il dans cette catégorie ? On va le savoir tout de suite ! Si votre réponse aux questions est **OUI**, entourez le symbole et faites le compte !*

Le bâtiment est-il une construction moderne en fer-béton ?	X
Disposez-vous d'un terrain de 500 m² minimum ?	O
Votre mode de chauffage dépend-t-il d'autres ressources que le bois (même de manière indirecte) ?	X
La maison est-elle conçue sur le principe des « maisons passives », avec ventilation double-flux électrique, etc... ?	X
Avez-vous des toilettes sèches ?	O
Pouvez-vous collecter ET purifier l'eau de pluie ?	O
Votre cuisinière est-elle électrique ou au gaz ?	X
Vous êtes isolé (pas de voisins proches) ?	X
Êtes-vous situés à moins d'1 heure de marche d'un bourg ?	O
Êtes-vous en zone inondable ou de sécheresse ?	X
Votre énergie dépend d'une installation solaire/éolienne ?	X
Le « domaine » est-il cerné par une clôture ?	O
Disposez-vous d'un espace de stockage tempéré (sous-sol ou dépendance à 15°C toute l'année) ?	O
Vous êtes entourés d'arbres à « bois de chauffage » ?	O
Plus d'1/3 de vos meubles sortent d'une grande enseigne industrielle ?	X

Votre maison est-elle écologique ?

RÉSULTATS DU TEST

Majorité de O : Waw ! Votre maison est au top... ou presque !

Il reste toujours quelque chose à améliorer (chaque X entouré vous donne un indice).

Majorité de X : Ouch ! Il va falloir rénover tout ça !

Ne passez pas par la case départ, perdez entre 10.000 et 50.000 euros de travaux et lisez l'encadré ci-dessous avec attention.

Méfiez-vous des « maisons passives » !

Ce concept, parti d'un bon sentiment, a peu à peu été récupéré par l'industrie du bâtiment. Elle a transformé l'idée de « vivre sans impacter son environnement » en une norme de construction, forçant les professionnels du secteur à investir dans des formations ou des matériaux particuliers... Cela donne un avantage aux grosses boîtes par rapport aux petits artisans. Sachez donc qu'une maison écolo n'est pas nécessairement « passive », mais, plutôt, qu'elle est respirante et résiliente.

Pour apprendre à faire la différence, rien de mieux que de visiter des maisons écolo et discuter avec leurs occupants. C'est justement le but des « journées portes ouvertes maisons passives » organisées chaque année, en novembre, par l'association lamaisonpassive.fr. À cette occasion, j'ai pu visiter une Kerterre. C'est pour moi LA maison écolo parfaite, quoique trop radicale à mon goût. Bien plus qu'une simple maison de terre : c'est un art de vivre connecté à la nature. Bon, après il faut s'y faire, hein !

Pour ma part, je suis fier d'habiter une maison Normande à pans de bois, érigée en 1819. Elle n'a pas de fondations, craque à chaque coup de vent, héberge des chauves-souris au grenier et des fourmis sous le salon. Mais cette maison, par son âge et son aspect de « maquette évolutive » est, à mes yeux, une magnifique graine de possibles !

Ma maison n'est pas « passive ». Elle est frugale. C'est une maison saine et agréable à vivre, sans ventilation mécanique, ni climatisation. Son inertie thermique la rend aisée à chauffer avec un poêle à bois, et plus fraîche de 10°C que la température extérieure l'été. L'entretien des enduits en bauge, et la maintenance des joints à la chaux est *low-tech*. Elle est facile à réparer soi-même (ou avec l'aide de voisins), avec des matériaux locaux, comme le bois, la terre-paille ou la brique. Bref, son empreinte écologique est légère.

Pas d'autonomie sans eau-tonomie

En 2020, une famille française consomme près de 145 litres d'eau par jour, dont 2 litres d'eau potable par personne. En cas de panne du réseau d'eau, vous ne tiendrez pas longtemps sans dispositif efficace – on ne survit pas plus de 3 jours sans boire. L'eau devra donc toujours rester votre priorité n°1. Alors, que vous soyez en ville ou à la campagne, nomade ou sédentaire, au bord de la mer ou d'une rivière... Équipez-vous dès maintenant.

RÉDUIRE SA CONSO D'EAU, PREMIER PAS VERS L'EAU-TOSUFFISANCE

Économiser pour survivre. Voilà de quoi vous motiver à adopter un mode de vie autonome.

Commencez par le plus dur : passez aux toilettes sèches. Pour convaincre les indécis, commencez par cumuler les deux systèmes, même si vous êtes seul·e à utiliser les WC secs. Avec le temps, les autres verront que ça ne pue pas, que ça n'est pas compliqué, et finiront par l'adopter ! Enfin, on l'espère. Y'a quand même de ces têtes de mules parfois...

Installez des récupérateurs d'eau de pluie, utilisez un cours d'eau ou une nappe souterraine (tout en restant dans la légalité).

Arrêtez de prendre des douches tous les jours et lavez-vous plus souvent avec un gant/luffa, au lavabo, ou dans une baignoire avec un seau d'eau chaude (je pratique cette méthode au printemps et à l'automne depuis 2019 et ça passe crème !).

En cuisine, réutilisez l'eau de nettoyage des légumes pour arroser les plantes et l'eau de cuisson, du bain ou de la vaisselle, comme désherbant, ou pour arroser le compost, en été.

Lavez la vaisselle à la main dans 2 bacs sans laisser couler l'eau. Pour laver, vous pouvez réutiliser l'eau qui a servi à nettoyer vos fruits et légumes. Utilisez l'eau de rinçage pour arroser les plantes.

Conservez l'eau de cuisson des aliments et ajoutez-y quelques légumes ou champignons pour en faire un bouillon de légumes.

Pour irriguer votre potager, <u>utilisez des irrigateurs en céramique</u> ou des goutte-à-goutte simples qui récupèrent l'eau de pluie.

<u>Sachez toujours où se situe la principale vanne d'arrêt de votre réseau d'eau</u>. Si un tuyau éclate, vous pourrez la fermer immédiatement et éviter les pertes.

EAU DE PLUIE, DE PUITS OU DE SOURCE : LA GALÈRE DU FILTRAGE

Si la plupart des châteaux d'eau fonctionnent sans pompe électrique, ils reçoivent généralement leur eau de stations d'épuration. En cas de panne de réseau, l'eau qui coulera de votre robinet (si elle coule encore) risque de ne plus être potable.

Il est donc indispensable de disposer d'une source alternative d'approvisionnement, de filtrage et de stockage de l'eau potable.

Voici un tour d'horizon des équipements indispensables pour rendre votre base vraiment autonome et durable.

Il ne suffit pas d'avoir accès à une source, un puits ou d'installer un récupérateur d'eau de pluie pour atteindre l'eau-tonomie (ou même l'eau-tarcie). Loin de là. Soyons francs : transformer de l'eau de rivière, de puits ou de pluie en eau potable peut être galère !

Pour l'instant, que dit la loi ? C'est simple (pour une fois) : à partir du moment où vous êtes raccordé au réseau d'eau potable, vous *ne pouvez pas* utiliser l'eau de pluie, d'un puits ou d'une source que pour alimenter vos WC, faire le ménage ou la lessive. Pourquoi ? Parce qu'or préfère éviter que votre « eau maison », pleine de micro-organismes pathogènes, ne contamine le réseau public ! Comme si l'eau « publique » était pure. Quelle blague !

Par ailleurs, si vous êtes raccordé aux égouts, vous devrez payer une taxe d'assainissement supplémentaire et vous soumettre aux contrôles inopinés des agents du service d'eau. Ce contrôle étant, évidemment, à votre charge. Tout est fait pour vous contraindre à rester dans le rang !

LE FILTRAGE,
OU L'ART DE S'EMMERDER POUR PAS GRAND CHOSE

Je vais vous expliquer rapidement et avec des mots simples, comment fonctionne un système de filtrage *do it yourself*. Et vous comprendrez très vite pourquoi c'est chiant et pas du tout autonome.

Étape 1 : le pré-filtre retient les plus gros éléments (feuilles, poussières, déjections d'oiseaux, insectes…).

Entretien : nettoyage hebdomadaire.

Qualité de l'eau : trouble. L'eau est pleine de poussières, bactéries, virus, nitrates, pesticides et métaux lourds.

Stockage : puits / cuve plastique rigide ou souple / citerne béton.

Utilisation : arroser le jardin.

Étape 2 : pompage vers un filtre à 10 microns en coton, gravier ou sable (nettoie partiellement l'eau). Entretien : changer tous les 6 mois. Qualité de l'eau : claire.

Utilisation : ménage ou lessive.

Étape 3 : pompage vers un filtre à 5 microns en charbon actif (capte les mauvaises odeurs, métaux lourds, pesticides…).

Entretien : changer tous les 6 mois. Qualité de l'eau : claire.

Utilisation : se laver ou faire la vaisselle.

Stockage : ballon d'eau.

Étape 4 : stérilisation par lampe U.V ou un filtre céramique.

Entretien : changer tous les ans.

Qualité de l'eau : potable (enfin, on recommande quand même de la faire régulièrement analyser dans un laboratoire). Stockage : ballon d'eau ou récipient en verre.

En temps normal, ce genre d'installation n'est pas plus complexe que celle d'une fosse septique. Mais, en cas d'effondrement, ou tout simplement de black-out électrique, vous vous retrouvez sans pompe, ni lampe U.V, le bec dans l'eau sale.

Pour ceux qui vivent en bord de mer, j'ai une bonne et une mauvaise nouvelle. La bonne nouvelle, c'est que vous pouvez dessaler l'eau de mer par distillation ou osmose inverse. La mauvaise nouvelle, c'est que cette méthode est si longue et énergivore qu'elle vous fournira à peine de quoi récolter le minimum vital d'eau potable, et certainement pas les 145 litres quotidiens nécessaires. Bref, à moins d'être en urgence absolue, laissez tomber.

Certains seront tentés de se replier sur les solutions chimiques à base de chlore (eau de javel). Je vous le déconseille. Ne jouez pas au petit chimiste avec l'eau, s'il-vous-plaît. D'autant plus que vous serez bientôt à court de pastilles de chlore, d'hydroclonazone, de sels d'argent ou d'aluminium. Si ce genre de méthode peut convenir, de temps à temps, à des randonneurs, elle peut s'avérer dangereuse à long terme pour la santé.

Ma solution : arrêtez tout ! En vous limitant à un pré-filtre et un filtre « primaire » de gravier à 10 µm + un système de pompe manuelle, vous aurez déjà de quoi alimenter vos WC, un lave-linge et vous laver (après avoir chauffé l'eau à 60°). Parlez-en à votre plombier préféré ! Mais attention : avant de boire ou faire la cuisine avec cette eau, elle devra passer par un filtre purificateur... ça tombe bien, j'en parle justement **PAGE SUIVANTE !**

OSMOSE INVERSE *VS* FILTRE À GRAVITÉ
LE MATCH DES PURIFICATEURS

Il n'existe pas beaucoup de solutions autonomes et durables pour obtenir de l'eau potable. En fait, il n'y en a que 2 : la filtration à osmose inverse ou celle par gravité. Sans électricité, ni chaleur, elles peuvent dépolluer l'eau souillée via plusieurs filtres d'une finesse de 0,0001 micron : de quoi stopper 99,99 % des parasites, virus et bactéries dont la taille avoisine généralement les 0,0002 microns. Leurs qualités se valent... mais à la fin, il ne devra en rester qu'une !

OSMOSE INVERSE	FILTRE PAR GRAVITATION
150 litres par jour. Se greffe directement sur le robinet d'eau (encore faut-il avoir de la pression).	Les grands systèmes peuvent filtrer environ 8 litres en 4h. L'eau y est versée manuellement.
Mieux vaut être bricoleur et avoir des bases en plomberie pour installer le système.	Aucune installation : cela se présente sous la forme d'un samovar. Il se place où on veut et ne nécessite aucune électricité.
Il faut 5 L d'eau pour en obtenir 1 d'eau pure. Les 4 L restants ne sont pas purifiés. Il faut donc disposer d'un système de récupération pour cette eau.	100 % de l'eau versée dans la chambre supérieure est filtrée.
Certains reprochent à l'osmose inverse de donner une eau faible en minéraux et recommandent un filtre de re-minéralisation...	Les minéraux ne sont pas retenus par les filtres à gravité.
Les 4 filtres doivent être remplacés tous les 6 mois pour certains et 2 ans pour d'autres.	Les filtres à gravité ont une durée de vie de 4 ans environ. Le fond de la « cuve » doit être rincé.

Bref, si l'osmose inverse est la Rolls des filtres à eau... le filtre à gravité en est le Rover Defender. Alors, vous préférez quoi pour survivre au *collapse* ? Une Limo à 200 000 $ ou un bon vieux 4x4 de bidasse ?

Le joker : **la méthode SODIS** (Solar Disinfection System) déployée par les Suisses dans des pays en développement. Il suffit d'exposer au soleil une bouteille en verre remplie d'eau claire, mais impropre à la consommation, pendant 6 heures à 2 jours (selon la couverture nuageuse) pour nettoyer l'eau de 99 % des bactéries et parasites. Le rayonnement UV-A et la température réalisent une « pasteurisation solaire » de l'eau.

À LA CLAIRE FONTAINE, S'EN ALLANT PROMENER...

La généralisation de l'eau courante est une invention presque aussi récente que celle des ordinateurs. L'acte de boire de l'eau du robinet était un luxe absolu il y a 100 ans. Un luxe dont nous sommes désormais dépendants. En 100 ans, l'Occident a totalement oublié des habitudes qui ont pourtant rythmé le quotidien des populations pendant plus de cinq siècles. Il est temps de se les remémorer.

La corvée d'eau

En 1920, moins d'un quart des communes françaises disposaient d'un réseau de distribution d'eau courante à domicile. On se rendait chaque jour aux puits et aux fontaines publiques, ou bien, on confiait cette pénible « corvée de seau » à des porteurs d'eau. **En 1920 !**

Il faut attendre 1980 pour que 8 foyers français sur 10 bénéficient de l'eau courante à domicile et soient équipés d'une salle de bain.

De l'Antiquité jusqu'au XXe siècle, la rare et précieuse source d'eau potable fut l'élément central autour duquel on construisait villes et villages. Ces fontaines ou ces puits, que l'on regarde désormais comme des monuments historiques et sur lesquels (comble de l'ironie) on écrit « eau non potable », ont été le cœur de la vie des cités pendant plus de 2 000 ans.

Pourquoi les avoir abandonnés ? Parce que ces eaux ont causé les grandes épidémies de salmonelles, peste, lèpre et choléra qui décimèrent les populations d'Europe jusqu'aux début du XXe siècle.

L'origine du mal : en l'absence d'égouts, les eaux usées se déversaient dans les nappes, ruisseaux et rivières… que l'on venait tirer au puits. Par sécurité, on a vite appris à laisser décanter ou filtrer l'eau des puits. Mais, malgré tout, on lui préférait… le vin ! Ainsi, sous Louis XV, la ration quotidienne du Parisien compte près de **2 litres de vin**, pour ½ litre d'eau seulement. Vous imaginez les dégâts sur la santé de la population !

Retour au XXe siècle. En cas de dysfonctionnement du réseau d'eau public – et si vous n'avez pas de système de récupération et de filtrage des eaux de pluie – il sera toujours possible de vous rendre à une fontaine alimentée par une source d'eau claire, indépendante du réseau d'eau public. Elles sont reconnaissables à la présence d'une plaque « eau non potable ». Cela ne veut pas dire pas que leur eau est imbuvable ; mais qu'elle ne peut être contrôlée par les autorités… qui ne veulent prendre aucune responsabilité, comme d'hab' !

Certes, la plupart des cartes papier de l'Institut Géographique National (les fameuses cartes IGN bleues) vous aideront à trouver les points « d'eau potable » de votre ville ou village (ils sont désignés par un point bleu).

Mais, pour retrouver les anciennes sources d'eau, fontaines, lavoirs et puits oubliés, il vous faudra remonter le temps. Rendez-vous à la Mairie, à la bibliothèque ou sur internet, à la recherche de livres d'histoire locale. Ou bien, interrogez les anciens, les pépés et mémés du coin. Ils sauront vous guider. Une fois le spot trouvé, assurez-vous que l'eau n'en soit pas polluée, en envoyant un test à un laboratoire. Restez vigilants : les pluies importantes drainent souvent des boues vers les nappes phréatiques ou les ruisseaux souterrains, dont l'eau devient alors momentanément impropre à la consommation. Dans tous les cas, je vous recommande quand même de la filtrer, via un système d'osmose inverse ou un filtre à gravité.

Dans quoi trimballer et conserver son eau ?

Histoire de ne pas contaminer l'eau potable récoltée, elle doit être transportée dans des récipients propres et couverts. Une vache à eau (sac étanche servant de seau) se renverse facilement.

Priorité, donc, aux jerricans ou fûts alimentaires dédiés à l'eau.

Attention : pas de plastique P.E.T ! Il contient du polyéthylène téréphtalate, qui relâche du trioxyde d'antimoine, irritant pour votre corps et votre peau. N'utilisez que du plastique P.E.H.D, dont la toxicité est (a priori) nulle.

Chez vous, utilisez une citerne. Il en existe en plastique dur, souple ou en béton. Mais, le must, c'est la brique de terre cuite... comme les amphores antiques. D'ailleurs, de magnifiques amphores peuvent servir de système de récupération d'eau. C'est plus décoratif que ces énormes cubes en plastoc !

Installez-y une pompe manuelle, histoire de ne pas être coincé en cas de panne. Pour info, une belle pompe à eau manuelle en fonte coûte moins de 100 euros !

Les aventuriers de l'électro\tarcie
ou la quête finale des 7 boules de cristal

Pas question, malgré l'effondrement, de se priver d'électricité, ni du confort qu'elle nous procure. Pour cela, mieux vaut produire sa propre électricité naturelle, *plutôt que de compter sur le nucléaire qui « ne répond à aucun besoin technique ou opérationnel que ses concurrents sobres en carbone [solaire et éolien, NDA] ne puissent satisfaire mieux, moins cher et plus rapidement » comme l'affirme le World Nuclear Industry Status Report de 2019.*

En résumé : le jour où nos belles centrales nucléaires seront H.S, mieux vaudra être équipé pour s'auto-alimenter en énergie renouvelable. Mais l'accès à l'autonomie électrique n'est possible qu'à condition d'être à la fois moins gourmand en énergie, très patient et prêt à de gros investissements.

…IL FAUT PARTIR À TEMPS

J'ai une mauvaise nouvelle à annoncer aux radins-verts, alléchés par l'idée de ne plus payer de facture d'électricité, voire de gagner de l'argent en revendant leur électricité « propre » aux opérateurs de réseau : vous vous fourrez les doigts dans la prise jusqu'au compteur.

Non, l'autoconsommation d'énergie verte n'est pas rentable. Un investissement moyen de 15 000 € (rien que ça) pour l'achat et la pose d'un bloc de modules photovoltaïques (PV) vous durera entre 15 ans (durée à partir de laquelle les cellules PV commencent à perdre en efficacité) et 25 ans (durée de vie maximale des panneaux). Si on inclut l'entretien de l'installation, le nettoyage des panneaux, le remplacement de l'onduleur au bout de 10 ans… Votre investissement ne sera JAMAIS rentable.

Par ailleurs, ne comptez pas vous enrichir en revendant votre surplus d'électricité à Enedis. Compte tenu des coûts d'entretien et du Tarif d'Utilisation des Réseaux Publics d'Électricité (TURPE), vous serez presque toujours perdant. *Welcome* dans le capitalisme !

Surtout, s'équiper maintenant vous condamnera à recommencer autour de 2040.

Or, 2040, ça ne sera pas vraiment le bon moment. D'abord, les 58 magnifiques réacteurs nucléaires français auront dépassé leur limite d'âge... depuis plus de 10 ans ! Mais leur durée de vie sera certainement prolongée par un allègement des normes de sécurité, si l'on en croit les rapports de l'Agence de Sûreté Nucléaire et de la Cour des Comptes. Ensuite, ces vieilles centrales devront affronter la hausse des températures de 2°C environ, avec la perspective de super-canicules qui rendront leur fonctionnement de plus en plus délicat (refroidissement, surtensions...). Chéri·e, va y avoir des tensions sur la ligne, gare à l'incident ! L'État Français aura-t-il les moyens de construire les 6 réacteurs EPR de 3è génération dont la capacité serait 30 % supérieure à celle d'un réacteur « classique » ? Ces 6 réacteurs pourront-ils prendre le relais de 58 réacteurs obsolètes ? Rien ne l'assure.

Il faut donc s'attendre à ce qu'en 2040, les panneaux solaires s'arrachent à prix d'or. Voici donc mon conseil : ne coupez pas le cordon ombilical énergétique trop vite !

Raccordez-vous plutôt à un fournisseur d'électricité verte qui a fait ses preuves, comme Enercoop, PlanèteOui ou Ilek. Puis, restez en veille, dans l'attente de la nouvelle génération de panneaux et d'éoliennes, dont l'efficacité et la durée de vie seront bien plus importantes. Ils devraient arriver sur le marché vers 2025.

Vous investirez quand la technologie sera mature et indépendante du silicium cristallin chinois.

En attendant, je soumets à votre sagacité cette longue réflexion à propos des énergies renouvelables, écrite par l'économiste écolo Nicholas Georgescu-Roegen, dans les années 1990 :

« J'avais au départ un enthousiasme pour les énergies renouvelables et tout particulièrement pour la solution du solaire. Je pensais que cette découverte représenterait une solution au problème d'épuisement des ressources fossiles auquel est confronté l'humanité. Mais ces dernières années ont confirmé mes doutes. On voit bien qu'on arrive à générer de l'énergie à partir de sources naturelles (vent, soleil), mais pour ce faire, on utilise d'autres ressources finies : il faut beaucoup d'énergie (du pétrole) pour extraire les métaux rares, qui sont ensuite utilisés pour construire un panneau photovoltaïque. Ma position correspond désormais à ce que vous appelez aujourd'hui les low-tech *: des infrastructures plus simples, plus sobres, avec moins de capacité de production ; par exemple en privilégiant le solaire thermique, qui consiste à faire chauffer de l'eau plus directement à partir des rayons du soleil. »*

THREAD POUR CEUX QUI ONT DES PANNEAUX SOLAIRES, OU RÊVENT D'EN AVOIR...

C'est vrai, le panneau solaire incarne un rêve. Celui d'une énergie aussi propre qu'infinie. Solar Impulse et son avion qui fait le tour du monde sans une goutte d'essence. Elon Musk et son Powerwall. Ça vend du rêve. Mais attention : l'électricité photovoltaïque n'est pas miraculeuse. Un exemple : selon l'ADEME, avec seulement 5 m² de panneaux solaires, on peut produire l'équivalent de la consommation électrique annuelle d'un foyer de 4 personnes... une perf' étrangement calculée « hors chauffage ». Tiens, tiens, comme c'est maliiiiin. Alors, gare au marketing !

Allez, c'est parti pour un petit *trolling* des familles : un bon vieux *thread* façon Twitter, le réseau préféré des ingénieurs et des *haters*.

(1/4) Même si les panneaux produisent de l'énergie en l'absence de soleil intense, leur rendement peut être divisé par 3 en automne et en hiver, soit durant les périodes les plus critiques !!!

(2/4) Ensuite, le photovoltaïque n'est pas adapté pour alimenter un chauffage, ni un four. Ça fait un peu tout sauter. C'est ballot !!!

(3/4) Enfin, installer des panneaux solaires coûte cher. Et il faudra s'équiper d'un régulateur de charge (qui va optimiser la production des panneaux), d'un onduleur qui permettra d'alimenter vos appareils domestiques réglés sur 220 volts, voire de batteries stationnaires qui coûtent un avant-bras. Tous ces bidules devront, évidemment, être régulièrement entretenus par des professionnels chevronnés !

(4/4) Déso, mais pour l'autonomie faudra repasser... d'où ma recommandation de miser sur un mix énergétique alternatif, qui privilégie bois et biomasse.

Le conseil du troll : *le seul panneau qui vaille le coup, c'est un panneau thermique pour chauffer l'eau (qui circule dans des tuyaux sous le panneau). En mode autoconstruction, là oui, je dis bravo !*

Les aventuriers de l'électro\tarcie

L'INSOLUBLE ÉQUATION ÉNERGÉTIQUE

L'ami Nicholas a mis des mots sur un dilemme qui torturait mon cerveau d'écolo-geek depuis deux ans.

Oui, mais une fois évacué l'espoir d'une solution techno-miraculeuse... vers quoi se tourner ?

L'éolien individuel ?

Certes, il existe désormais des turboliennes *low-tech*. Des éoliennes à monter soi-même sur un mât de plusieurs mètres de haut, et dont les hélices sont presque silencieuses. Ces « Éoliennes à Productions Régulières » (E.P.R, tu vois le clin d'oeil ?) sont sensibles aux vents faibles (<25 km/h) beaucoup plus fréquents. Bref, elles fournissent de l'énergie au moindre pet de hérisson.

Et comme on arrête pas le progrès, voici que les éoliennes adoptent des formes plus performantes et moins encombrantes – sans larges pales. Ces « aérogénérateurs » se posent même sur les toits des maisons ou des immeubles et peuvent produire jusqu'à 5000 kWh par an (la conso moyenne annuelle d'une famille de 4 personnes).

Le tout pour un prix d'installation de 20 000 € et une durée de vie de 25 ans. Ce qui est très comparable à des panneaux solaires.

La micro-hydroélectricité domestique ?

Si un cours d'eau circule sur votre terrain, pourquoi ne pas investir dans une petite centrale hydraulique (P.H.C) ? D'une puissance allant de 20 à 10 000 kW, ces mini-moulins à eau permettent une production d'électricité stable et écologique.

Le rapport prix/puissance de ce genre d'équipement est imbattable. Une turbine de 36 kVA par exemple, produira près de 300.000 kWh par an... soit l'équivalent de 3 000 m² de panneaux solaires, pour un coût d'investissement 20 fois plus faible !

Mais vous attendez quoi pour creuser !?

Tout ceci est alléchant mais... en fait non.

Avec l'électricité, le problème est moins d'en produire, que de la consommer. Le moindre « kit » pour panneau solaire, éolienne ou centrale hydro-électrique compte le panneau/éolienne/moulin, des câbles spécifiques, un régulateur de charge, un onduleur ou convertisseur et une batterie à durée de vie limitée. Autant de dispositifs susceptibles de lâcher et dont la réparation exige des composants et des compétences « complexes ». Bref, rien ici n'est *low-tech*, ni convivial.

Mais alors, faut-il abandonner l'électricité pour revenir au bois ?

C'est clair : il n'y a pas plus *low-tech* qu'une cheminée à insert ou un poêle à bois. Mon poêle, il tourne avec des branches mortes ramassées dans le jardin, des bûches de mes arbres (d'ailleurs j'envisage de m'acheter un bout de forêt où me servir). Et si on plante autant d'arbres qu'on en brûle, c'est encore mieux!

Oui, mais... j'ai eu le plus grand mal à trouver des chaudières à bûche de bois sans électricité. Mis à part les poêles-bouilleurs (j'en parlerai plus loin) et les chaudières « sans ballon tampon » de la marque Perge (je ne suis pas sponso)... tous les autres systèmes ont besoin d'électricité pour tourner.

Chez les constructeurs ÖkoFEN, Hargassner ou Froling – les maîtres en la matière – très peu de modèles acceptent les bûches. La plupart tournent aux granulés de bois, qui permettent aux chaudières de s'alimenter seules en combustible, grâce à un silo et un moteur électrique.

Autres soucis : les quantités de bois de chauffage sont insuffisantes pour répondre à la demande et les émissions de particules fines liées à la combustion du bois feraient exploser les records de pollution !

Ma conclusion ? J'en reviens toujours à l'idée que « *la seule énergie propre est celle que l'on ne consomme pas* ».

J'ai mis longtemps à cesser de réfléchir en termes de *consommation*, et à penser *dé-consommation*. J'ai aussi dû lutter contre un mauvais penchant : celui de considérer qu'une *low-tech* est bonne, *puisqu'elle est low-tech*. Mais je reviendrai là-dessus dans les prochains chapitres.

Depuis lors, je me suis lancé dans la rénovation thermique de ma maison *en priorité*. Pour le reste, je suis équipé d'un chauffe eau solaire auto-construit (un tuyau noir derrière une vitre), d'un poêle à bois, de lampes à batterie solaire et d'un four solaire.

Les aventuriers de l'électro\tarcie

Enfin, je vous recommande de soumettre tous vos projets de construction, d'achat de véhicule ou de chauffage, etc... au TUBO, mon **Test Universel du Black Out**. En anglais ça donne UBOT, mais j'ai pensé que ça sonnait un peu trop IIIe Reich :-()

LE TEST UNIVERSEL DU BLACK OUT - TUBO
Un test super simple qui tient en 2 questions

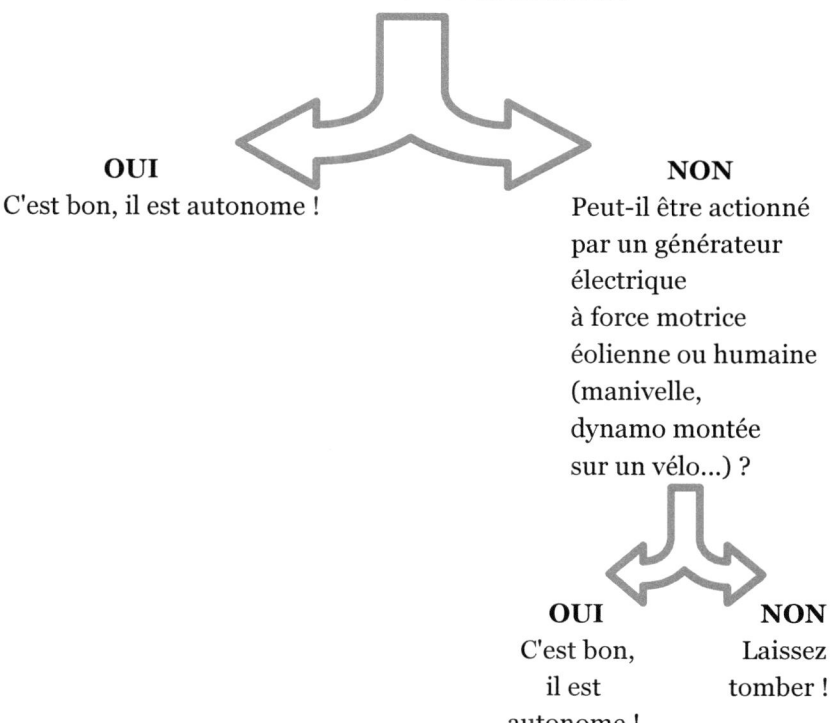

En cas de panne d'électricité, le *truc* continue-t-il de fonctionner ?

OUI — C'est bon, il est autonome !

NON — Peut-il être actionné par un générateur électrique à force motrice éolienne ou humaine (manivelle, dynamo montée sur un vélo...) ?

OUI — C'est bon, il est autonome !

NON — Laissez tomber !

Faites le test sur vos équipements... vous allez être surpris !

Chauffage : quelle énergie privilégier ?

Pas d'autonomie énergétique sans système de chauffage durable. Évidemment, l'énergie solaire et le bois restent les énergies renouvelables les plus accessibles. Mais quel système de chauffage choisir ? Une étude approfondie s'impose.

On écartera d'emblée les énergies fossiles (fioul, gaz), pour nous concentrer sur les alternatives renouvelables fiables : solaire, pompe à chaleur et bois/biomasse.

Je vous l'ai déjà dit – mais je préfère me répéter : en matière d'énergie, il n'y a qu'une règle >>> *le kWh le moins cher et le moins polluant est TOUJOURS celui qu'on ne consomme pas.*

Votre priorité doit donc être l'isolation de votre logement. Mais attention ! Pas une isolation en béton qui va transformer votre baraque en étuve humide. Privilégiez une isolation respirante avec des matériaux anciens comme la chaux, la terre-paille, certaines pierres... Pour vous inspirer, on ne saurait trop vous recommander de feuilleter le magazine *La Maison Écologique*, LA référence en la matière !

LE SOLAIRE, C'EST PAS FAIT POUR ÇA

Le photovoltaïque a aujourd'hui la côte... mais si on cherche l'autonomie, ce choix peut s'avérer risqué. Les panneaux sont fragiles et difficiles à réparer, tout comme les batteries qui sont sensibles au froid, et dont la capacité de charge dépend de la luminosité, faible en hiver.

Bref, on ne peut compter sur cette seule énergie pour couvrir l'ensemble des besoins de chauffage d'un foyer : il vous faudra toujours une ressource complémentaire.

D'ailleurs, en général, les maisons autonomes combinent solaire et poêle à bois de masse.

Chauffage : quelle énergie privilégier ?

LA POMPE À CHALEUR : GEEK, CHIC… MAIS EN FAIT NON

Quand je parle aux promoteurs immobiliers, j'ai l'impression que si, à 50 ans t'as pas une P.A.C, c'est que t'as raté ta vie !

Ce machin utilise l'énergie non polluante, gratuite et inépuisable se trouvant dans l'air (air/air) ou le sol (air/eau et géothermie). Son gros avantage : un coefficient de performance de 3 (pour 1 kWh d'énergie utilisé, elle produit jusqu'à 3 kWh) quand celui d'une chaudière au gaz atteint péniblement le coeff 1.

Son gros problème : en plus de son important coût d'installation (environ 30 000 €), ce système présente 3 inconvénients majeurs quand on part en « mode autonomie ».

D'abord, un <u>entretien complexe</u>. En effet, la pompe capte des calories dans l'air ou le sol pour créer de l'énergie. Le processus exige l'utilisation d'un gaz frigorigène (comparable à celui de votre réfrigérateur) qui va passer par 4 compartiments (évaporateur, compresseur, condenseur, détendeur). Il suffit d'une fuite entre ces compartiments pour que le système soit *fucked up*. Évidemment, seul un spécialiste peut effectuer la réparation.

Ensuite, <u>la plupart des P.A.C cessent de fonctionner quand la température extérieure est négative</u> (certaines stoppent à -5°C , d'autres tiennent jusqu'à -20°C). C'est ballot ! Un chauffage d'appoint sera donc nécessaire si vos hivers sont rudes.

Last but not least, <u>pas de P.A.C sans électricité</u>. Donc, en cas de panne sur le réseau ou vos panneaux solaires, vous êtes dans la cagade pour vous chauffer !

Bref, réfléchissez-y à deux fois avant de vider votre Livret A !

BOIS ET BIOMASSE : VOILÀ L'AVENIR !

La biomasse c'est quoi ? En fait, c'est du bois mélangé aux déchets organiques, mais c'est plus classe d'appeler ça « biomasse »…

Le poêle à bois, le rocket stove, le brasero, le poêle de masse, la cuisinière à bois : tous ont la cote chez les transitionneurs-simplicitaires. Et pour cause : c'est l'énergie la moins chère et la plus simple à utiliser… si on sait couper du bois et démarrer un feu (voir **PAGE 131**).

Dis, le bois, ça pollue ? Oui, mais non. Un poêle à bois moderne dégage 12 fois moins de CO_2 qu'un chauffage au fioul et 6 fois moins qu'un système au gaz. Il faut savoir qu'un arbre consomme, dans sa vie, autant de CO_2 que ce qu'il rejettera lors de sa combustion. La solution : replantez ce que vous consommez !

Dans une perspective autonomiste (donc en mode dé-consommation), le bois n'a que des avantages :

- les cendres peuvent être recyclées en engrais, en répulsif anti-limaces et escargots utile au potager, mais aussi en lessive, en savon...

- un modèle de poêle labellisé Flamme Verte peut s'avérer très performant... et plus il est performant, moins il est polluant.

- un poêle est très facile d'entretien et a une durée de vie de 30 ans environ. Attention, toutefois, à ne pas oublier de ramoner votre cheminée et vos tuyaux chaque année. Ramoneur, un métier d'avenir ? Certainement plus que *référent en stratégie omnicanale*.

La question qui brûle les lèvres : poêle à bûches ou à granulés ? Plus moderne qu'un poêle à bûches, le poêle à pellets (à granulés) est plus simple d'utilisation, puisqu'il suffit de verser les granulés dans un bac et le poêle fait le reste. Il est aussi plus performant : il chauffe plus fort, plus longtemps et on peut maîtriser la température. Oui, mais où trouver des pellets en cas d'effondrement ? Chez vous, pardi ! Il existe aujourd'hui des machines électriques pour fabriquer ses propres pellets à partir de sciure de bois. Mais attention ! La plupart des poêles à granulés sont gérés par un mini-ordinateur... et il vous faudra de l'électricité pour faire tourner votre machine à fabriquer les granulés et votre poêle ! Une fois de plus, l'avantage va aux bûches *low-tech* !

Osez la chaudière à biomasse pour votre chauffage central et votre eau chaude !

Le poêle à bois ou de masse, c'est bien. Mais, à moins que vous ne soyez dans une *tiny house* ou une maison éco-conçue, ça reste un chauffage d'appoint.

C'est pourquoi, installer un poêle bouilleur (poêle hydro), voire une véritable chaudière à bois ou biomasse (alimentée par du bois et de la sciure recyclés, mais aussi de la paille, des coques de fruits ou du fumier) peut être une option très intéressante, notamment dans la perspective de la construction d'une maison autonome.

Le système est simple : tout en chauffant l'air ambiant de la maison, le poêle bouilleur produit de l'eau chaude qui va alimenter vos radiateurs et votre ballon d'eau chaude sanitaire.

Les principaux inconvénients de ces installations sont :

-leur taille imposante : la chaudière peut s'avérer très encombrante. Mieux vaut l'installer en sous-sol ou dans une dépendance.

-leur prix : entre 5 000 et 20 000 €.

-leur dépendance à l'électricité : car ses régulateurs, capteurs etc... ont besoin d'électricité pour fonctionner.

Cependant, il existe des chaudières manuelles qui conviennent plus au « mode autonomie » : vous pourrez ainsi l'alimenter avec le combustible que vous avez sous la main à ce moment-là (feuilles mortes, cagettes à recycler, bûches...) et c'est l'installation « mécanique » qui s'auto-régule. Par contre on vous recommande d'être calé en plomberie pour entretenir ce bardas !

Autre inconvénient de cette option : il est impossible de maintenir la maison hors-gel en votre absence, à moins de demander à un·e voisin·ne super sympa de passer quotidiennement pour remettre du bois. Et ce genre de voisin·ne-là, ça ne court pas les sentiers !

MES CONSEILS

1-Isolez intelligemment, pour consommer le moins possible.

2-Allez toujours au plus simple : une seule source d'énergie (évitez les trucs dépendants à l'électricité). Rappelez-vous du TUBO TEST !

3-Allez au plus efficace selon votre situation. À chaque maison son meilleur système (un seul poêle, ou un chauffage central avec une chaudière, ou plusieurs poêles de différents rendements...)

Ma préférence à moi :
une cuisinière à bois, canalisée avec bouilleur

Le top ! Avec <u>un seul poêle</u>, on chauffe la baraque, l'eau sanitaire et je fais la cuisine. Ma-gique ! En plus, grâce à son mode « été-hiver », la cuisinière ne produit pas de chauffage l'été. Un système de canalisation permet de distribuer l'air chaud dans plusieurs pièces, et le bouilleur chauffe l'eau sanitaire.

Deux inconvénients toutefois. Il faut être sur place l'hiver, car, en notre absence, le système ne pourra pas maintenir la maison « hors-gel ».

Et puis... quel poids ! L'ensemble peut atteindre les 500 kg voire 1 tonne s'il est en fonte-émaillée ! De quoi mettre à rude épreuve les fondations de votre maison (voilà pourquoi je ne peux en avoir un chez moi... mes fondations ne tiendraient pas) !

Alors, calculez bien votre coup !

Gare au gazogène !

Un procédé né en 1785 et industrialisé au XIXe siècle par le français Georges Imbert fait régulièrement parler de lui : les chaudières au gaz de bois, dites aussi gazogènes ou fours à double combustion. Leur principe est de transformer bois et déchets végétaux en gaz combustible, qui va alimenter des chaudières ou des moteurs (comme ceux des étranges voitures à gaz des années 40). Les ingénieurs parlent de « gazéification de la biomasse ».

Ce procédé est aujourd'hui utilisé par les chaudières modernes (souvent scandinaves) qui vont brûler le monoxyde de carbone et l'hydrogène présents dans le poêle. Une « double » combustion qui leur assure un rendement de près de 90%.

Gros souci : certains rêvent parfois de bricoler leur propre gazogène... à leurs risques et périls ! En effet, le monoxyde de carbone ici produit est hautement toxique, voire mortel. Le moindre défaut d'étanchéité et c'est le drame, avec la voix-off de M6 et tout et tout.

Il est donc INTERDIT d'installer ce genre de machin à l'intérieur de votre maison. Par contre, il peut être très efficace d'installer un système de chauffage à base d'air chauffé par votre poêle, puis transporté dans la maison, via des tuyaux et des bouches de ventilation ! On parle ici de « poêle canalisé ».

Chauffage : quelle énergie privilégier ?

Se chauffer au bois ne s'improvise pas !

Si vous n'avez pas envie que votre salon soit aussi chargé en particules PM10 que les couloirs d'un métro aux heures de pointe, il vous faut respecter 5 règles.

1-choisir son bois. Priorité aux bois à combustion lente : chêne, châtaignier, frêne, hêtre, charme, noyer. Évitez les bois tendres (platane, érable, peuplier, tilleul, aulne, marronnier). Pour le petit bois, choisissez du bouleau ou des résineux (pin, sapin, épicéa, mélèze). L'idéal : du bouleau pour démarrer le feu et du charme pour l'alimenter.

2-Couper son bois. Débarrassez le bois de son écorce, fendez-le dans le sens de la longueur : ainsi, la flamme atteindra immédiatement le cœur sec. Coupez les bûches en 3 largeurs : de la taille d'un bras, d'un poignet et d'un doigt.

3-Laissez sécher votre bois 2 ans, en extérieur et loin de votre maison pour éviter les insectes xylophages. Entreposez-le à l'intérieur quelques jours avant de le brûler. Ici aussi attention aux xylophages (vérifiez que le bois ne soit pas infesté avant de le ramener chez vous. Cherchez des petits trous de vers et écoutez-le afin d'entendre les larves le grignoter).

4-Récoltez des allume-feu naturels : aiguilles ou pommes de pins sèches, chutes d'écorces de bouleau, champignons d'Amadou séchés, miettes de bouse de vache sèche, bouts de bois taillés en zigouigoui (on appelle ça un « hérisson » et plein de vidéos de *preppers* vous apprendront à en faire). Ne pas utiliser de PQ imbibé d'huile végétale, ni de chips, de tampons hygiéniques ou de cartons à pizza.

5-Allumez le feu selon la méthode « top-down ». Elle limite l'encrassement et pollue moins. En voici un schéma simple.

Survivre à l'enfer caniculaire sans clim, ni glacière !

Survivre aux canicules sans ventilo, clim, ni frigo exige d'adapter son mode de vie. Les astuces des magazines lifestyle *ne suffiront pas. Il y a des habitudes à prendre dès maintenant, pour vous protéger des grosses chaleurs de demain.*

Commencez votre journée vers 5 ou 6 heures du matin, afin de profiter des derniers moments de fraîcheur nocturne. Dès 11 heures, calfeutrez-vous et faites une sieste après le déjeuner.

Fermez volets et rideaux dès les premières lueurs du jour, jusqu'à 22 heures, car la chaleur passe par vos fenêtres. Mouillez vos rideaux pour profiter d'une sensation de fraîcheur supplémentaire.

Fermez aussi les portes des pièces situées à l'étage et au sud. Vivez dans les pièces du rez-de-chaussée orientées au nord et à l'est, où les températures seront plus clémentes.

Hydratez-vous tout au long de la journée (même quand vous n'avez pas soif) avec du thé vert tiède (ni café, ni thé noir). Si boire chaud augmente la température du corps, boire froid stoppe la sudation et l'élimination de la chaleur. Il faut boire tiède : une température à laquelle on peut plonger son doigt dans la tasse sans hurler (soit 14°C environ).

Introduisez des plantes grasses dans votre maison : l'évapotranspiration des feuilles libérera une vapeur et restituera un peu de fraîcheur. Vous pouvez aussi végétaliser votre toiture.

Mangez léger, froid et cru. La digestion augmente la température du corps et l'utilisation d'une cuisinière réchauffe la maison. Vous pouvez aussi utiliser un four solaire pour cuire les aliments à l'extérieur.

Portez des habits très amples et légers. Inspirez-vous des deux meilleurs vêtements pour rester au frais : la *djellaba* (longue robe ample mixte) et le *salwar* (pantalon large qui s'attache à la taille et serre les chevilles).

À l'extérieur, portez un chapeau de paille, de forme conique à larges bords (dit chapeau chinois, et, en Afrique, *tengade* ou *gaban*).

Ayez toujours un éventail sous la main.

Survivre à l'enfer caniculaire

Face à un pic de chaleur, <u>mouillez votre carrelage à la serpillière</u> : l'eau va s'évaporer et rafraîchir l'air ambiant, le moindre courant d'air se transformera en petit vent frais. Hmmm ! Si vous avez du parquet, posez-y un drap humide.

Le soir, <u>prenez des nouvelles de vos voisins</u>, notamment s'ils sont âgés.

À partir de 22 heures (ou <u>quand la température a baissé), ouvrez vos fenêtres</u> pour créer un courant d'air nocturne et profiter de la fraîcheur de la nuit.

<u>Prenez une douche froide</u> une heure avant de vous coucher et ne vous séchez pas.

<u>Tendez votre lit de draps de lin ou de coton</u>, qui gardent la fraîcheur et laissent respirer la peau.

Au coucher, <u>glissez une bouillotte d'eau fraîche au fond de votre lit</u>.

<u>Plantez un arbre devant la façade sud</u> de la maison pour faire de l'ombre.

Enfin, <u>je vous **dé**conseille de faire creuser un puits provençal</u> dans votre maison. Sensé y apporter de l'air frais, une enquête auprès d'architectes m'a révélé que son efficacité était limitée en période de canicule (justement quand on en a besoin) et dépendait d'un système de VMC électrique (qui peut tomber en rade). Dommage !

Le salwar (ou sarouel)

Chiens et chats
Compagnons de la vie en autonomie

Avertissement : ce chapitre s'adresse exclusivement aux personnes installées en zone rurale ou rurbaine. Je déconseille fortement aux citadins d'adopter (et surtout d'acheter) un animal de compagnie, qu'il s'agisse d'un chien, d'un chat ou d'un boa. Pourquoi ? D'abord, le nourrir sera une charge inutile et très coûteuse pour vous et pour l'environnement. Ensuite, en cas de catastrophe ou de départ précipité, les chats se transformeront vite en boulet (impossible de l'attraper, lourd à porter, dangereux). De même, nourrir convenablement un chien en situation de crise deviendra vite une contrainte intenable. Enfin, quelle tristesse quand viendra le moment de les abandonner, voire de leur ôter la vie pour ne plus les voir souffrir... Cependant, ne vous en voulez pas d'avoir déjà cédé à la tentation d'avoir un compagnon à poils. Ils sont si mignons !

1-Il va vous falloir un chien

Contrairement au chien d'appartement, le chien de ferme est un animal de travail, dont le rôle est de vous aider dans vos tâches quotidiennes, comme transporter de lourdes charges (chien de trait), garder un troupeau ou la maison, donner l'alarme, chasser et même vous défendre.

Les chiens n'ont que des atouts : ils sont fidèles, intelligents, résistants, disposent d'un odorat sur-développé et sont faciles à nourrir de restes. Enfin... presque tous les chiens. Car même si chaque toutou est unique, et même si n'importe quel roquet Yorkshire peut se révéler être un excellent terrier... certaines races sortent du lot.

Demandez-vous : à quel chien auriez-vous envie de confier le rôle de gardien de votre maison, le rôle de rempart entre votre famille et un éventuel agresseur ?

Et puisqu'il faut bien parler de races, en voici quelques-unes qui donnent, généralement, de bons gardiens et aides de camp : le berger allemand et son cousin malinois, les impressionnants beauceron et doberman, l'agressif rottweiler ou l'élégant braque de Weimar, ainsi que le magnifique épagneul australien.

Chiens et chats

Cette sélection ne doit rien au hasard : ce sont les races de prédilection des forces armées, des chasseurs et de la protection civile. Elle n'est pas non plus exhaustive : j'oublie ici l'impressionnant berger blanc suisse, le légendaire husky, l'immense berger d'Anatolie, le patibulaire bouvier des Flandres et tant d'autres...

Franchement, inutile de choisir un chien « de race » : les bâtards rustiques et de taille moyenne feront d'excellents compagnons, à la fois puissants, robustes, passe-partout, obéissants, intelligents et courageux.

Attention, cependant, à ne pas choisir un chien trop vorace, dont l'appétit videra rapidement votre garde manger.

Beaucoup dépendra de vous et de ce que vous lui aurez enseigné : l'obéissance par le jeu, la communication muette (un chien peut retenir un vocabulaire d'environ 300 mots), les aptitudes de franchissement et de nage, les tâches de travail (gardiennage, chasse, remorquage de charges)...

2-Ne mangez pas votre chat tout de suite !

Une fois installé à la campagne, vous serez confrontés aux rongeurs : des pollueurs de garde manger, porteurs de puces et de maladies. Vous serez tentés de piéger ou d'empoisonner ces vermines. *Fatal error* ! Nous ne sommes pas en ville et vous ne tuerez pas seulement des rongeurs, mais aussi une bonne partie de la faune du coin. C'est là que le chat intervient.

Un peu d'histoire : des chats et des hommes. Depuis le 7e millénaire av. J-C, dans le bassin méditerranéen, le chat est le protecteur des récoltes contre les rongeurs, au point que les Égyptiens l'ont élevé au rang d'animal sacré. Peu à peu, le chat a colonisé le monde, emporté par les armées romaines et les caravanes marchandes d'Orient. Considéré comme une créature maléfique en Europe durant la Moyen Âge, il connaît un retour en grâce lors de la Renaissance. Il perd son rôle utilitaire au XVIIIe siècle, remplacé dans sa tâche par le rat gris et devient un animal de compagnie. Les Angoras de Louis XV et les 100 chats de Richelieu en font l'animal de compagnie par excellence. Toujours aussi mystérieux et gracieux, il est désormais devenu LA véritable star du web.

En échange du confort de vos coussins, minou éloignera les rongeurs – et une partie des insectes – de la maison et du jardin.

Cependant, deux précautions restent à prendre.

D'abord, stériliser l'animal. Sans quoi leur population deviendra vite incontrôlable... et nuisible à l'environnement (donc à vos récoltes). Or, la stérilisation, acte aujourd'hui anodin, pourrait devenir délicate à réaliser en l'absence d'équipement vétérinaire.

Ensuite, ne pas les laisser livrés à eux même en extérieur : ils chassent pour le plaisir et nuisent à la biodiversité. En effet, les chats détruisent les habitats des lapins, modifient les territoires, perturbent la saison des amours, tuent oiseaux et insectes sans répit... Bref, ils sont le meilleur ami de l'Homme, mais le pire fléau des animaux sauvages. Le souci, c'est qu'il n'est pas simple de contrôler leurs allées et venues !

Puisqu'on parle de chiens, profitons-en pour parler de chasse.

Pour les adeptes de la chasse au fusil ou à l'arc, on se retrouve **PAGE 192.**

Pour ceux qui préfèrent la canne à pêche, jetez votre ligne jusqu'à la **PAGE 195.**

Quant à ceux qui ne s'intéressent ni à l'une, ni à l'autre, ils trouveront de quoi réveiller leur instinct de cueilleur **PAGE 190.**

Chiens et chats

Illustration Gordon Johnson

Prêts pour l'effondrement

La garde robe idéale pour vivre en autonomie

Des vêtements robustes, pratiques et agréables. Telle est la loi du dressing minimaliste.

Priorité absolue aux pièces basiques, intemporelles, polyvalentes et durables (pas de remplacement avant 1 à 2 ans). Avantage à la seconde main haut de gamme, aux marques locales et aux matériaux de qualité (lin, chanvre, coton ☹, laine, sans polyester, ni viscose ou autres polyamides). Pour faire vos emplettes, évitez les centres commerciaux et ciblez les dépôts-ventes de grandes marques, voire les surplus militaires.

SOUS-VÊTEMENTS
(couleurs claires ou blanc, pour les laver facilement à haute température)

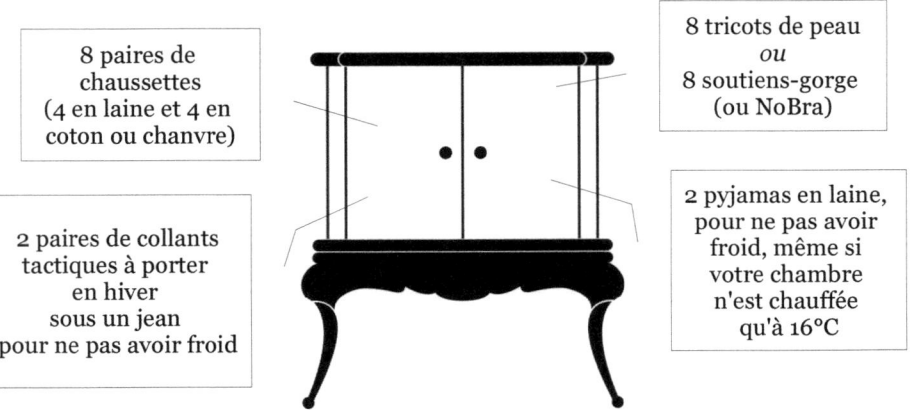

- 8 paires de chaussettes (4 en laine et 4 en coton ou chanvre)
- 2 paires de collants tactiques à porter en hiver sous un jean pour ne pas avoir froid
- 8 tricots de peau *ou* 8 soutiens-gorge (ou NoBra)
- 2 pyjamas en laine, pour ne pas avoir froid, même si votre chambre n'est chauffée qu'à 16°C

commode par Sbet du Noun Project

La garde robe idéale

VÊTEMENTS

- 3 chemises.iers blanc.he.s
- 6 t-shirts clairs
- 2 jeans
- 2 polos
- 2 shorts
- 2 pantalons en velours
- 1 gilet 
- 2 pulls en laine ou mérinos

5 paires de CHAUSSURES

Bottes
Sabots
Sandales
Brodequins
Mocassins

ACCESSOIRES

Chapeau/casquette d'été
Lunettes de soleil
Chapeau/casquette d'hiver
Foulard et écharpe
Gants de cuir doublés

Imperméable ou ciré et manteau d'hiver

commode par Pavel Melnikov du Noun Project

Prêts pour l'effondrement

Le conseil décroissant : en cas d'usure partielle ou d'accident, on répare le vêtement ou les chaussures. Et lorsqu'un vêtement est à bout, demandez-vous comment lui offrir une seconde vie dans une nouvelle fonction (une chemise devient un sac, un jean devient un short ou un vide-poches, une chaussette devient un chiffon à cirer le cuir, un t-shirt devient un tissu-toilette lavable pour les WC...). Surtout, ne jetez rien. Stockez le surplus, ou réutilisez, donnez, revendez...

À partir des années 80', Steve Jobs n'a rien porté d'autre que le fameux « Semi-Dull T » d'Issey Miyake, son uniforme.

Une vision totalement dénaturée de l'habillement, dénuée de saisonnalité et de fonctionnalité.

Le symbole d'un faux minimalisme, derrière lequel se révèle une idée exclusivement productiviste de la vie.

Gare aux faux semblants !

La garde robe idéale

LES 3 ÉTAPES POUR CHANGER DE DRESSING

1-La transition : on trie ce qu'on a déjà, on garde l'essentiel et on « termine » d'user ses vêtements, on les revend ou on les donne.

Je n'adhère pas entièrement à la philosophie de la japonaise Marie Kondo, la papesse du rangement ; mais je pratique un de ses rituels, inspiré du shintoïsme : remercier l'objet avant de m'en séparer.

Je vous jure, ça décomplexe. Ne dites plus « *je garde tout, ça peut toujours servir* », mais rendez grâce aux bidules qui pourrissent sur vos étagères et donnez-les à un antiquaire, un bouquiniste, une association, etc... Libérez vos placards et faites-vous des amis !

2-L'achat : prenez le temps pour chiner des vêtements de haute qualité à peu de frais (seconde main) ou pour chercher des artisans locaux méconnus, un peu plus chers, mais qui valent le détour et avec qui vous allez créer une vraie relation humaine.

Aujourd'hui, je peux me vanter de connaître personnellement le créateur de (presque) tout ce que je porte sur moi, des chaussures au polo. À chaque fois, ce fut une rencontre agréable. Je me souviens de petites attentions. J'éprouve une émotion à chaque fois que je choisis un vêtement. J'en prends soin, je le respecte, je l'entretiens. Je ne pouvais pas en dire autant quand je les achetais dans de grandes enseignes anonymes.

3-L'entretien et le renouvellement : tenez un registre avec date et lieu d'achat de vos vêtements. Dégotez-vous un bon couturier (on peut s'y coller soi-même) et cordonnier (là, c'est plus difficile de s'en passer).

Grâce à ce registre, je peux prévoir mes achats vestimentaires plusieurs mois à l'avance, et ainsi prendre le temps de chercher le meilleur produit ! CQFD.

Au passage, profitez-en pour dire NON au coton et OUI au lin et au chanvre, beaucoup moins consommatrices en eau et cultivées en France.

Prêts pour l'effondrement

Loisirs low-tech
Mille et une façons de s'occuper sans écran ni électronique

Inutile de fouiller le web à la recherche d'une étude américaine pour savoir que nous passons la majorité de notre temps devant un écran. Divertissement compris. On switche des réseaux sociaux à une série, en passant par un jeu en ligne ou l'écoute d'une musique/podcast en streaming. Coupez le courant, videz les batteries de smartphones... et c'est l'ennui absolu ! Sauf si vous lisez ce qui suit, évidemment !

RETOUR AUX FONDAMENTAUX

On les connaît tous, même si on les pratique de moins en moins : lire, écrire, dessiner, peindre, chanter, danser et jouer d'un instrument de musique sont des occupations artistiques qui remontent à la nuit des temps. Leur particularité : elles sont à la fois improductives et fondamentales à notre équilibre psychologique, en permettant de nous extraire un instant de nous-même.

Pour les peintres : comment créer vos propres pigments à partir de plantes ? Il vous faudra cultiver ou cueillir des plantes tinctoriales : des végétaux à partir desquels on crée des teintures. Voici quelques pistes pour obtenir les couleurs primaires : le safran, la camomille ou le curcuma pour le jaune ; la garance, le rocou, les baies noires pour le rouge ; le persicaire, ou la feuille de l'indigotier pour le bleu. Allez, bonne palette !

POURQUOI RÉAPPRENDRE À JOUER EST ESSENTIEL ?

Dans un contexte de pénurie d'énergie, les déplacements et loisirs électroniques seront limités. L'ennui risque de s'installer et, avec lui, le chaos. Car, lorsqu'on ne sait pas quoi faire, on fait des bêtises, on s'invente des problèmes, on ressasse des idées noires ou on se dispute.

Pour vous convaincre des dangers de l'ennui, il suffit de regarder le comportement d'enfants : sans occupation, ils en viennent rapidement aux « jeux de mains, jeux de vilains » (enfin, les miens, du moins !).

De plus, les jeux et les histoires restent le meilleur moyen de transmettre des savoirs, aux enfants comme aux adultes. C'est bien moins ennuyeux que de s'asseoir et d'écouter un « sachant » débiter son baratin ! On pense aussi à la transmission de valeurs comme l'entraide, accepter la défaite, continuer d'essayer...

Pour nos aînés, c'est une façon de garder l'esprit vif, de faire marcher leur tête.

C'est aussi un excellent moyen de renforcer les liens entre les membres d'une famille ou d'une communauté (les fameux aprèm' *team-building* dans un parc d'accrobranche sont la mise en application post-moderne de cet adage). On se met autour d'un jeu, on discute, et, sans s'en rendre compte, on construit du lien.

Enfin, les compétitions sportives ou artistiques sont, très probablement, le meilleur moyen d'exprimer nos bas instincts belliqueux ; mais dans un cadre pacifique et maîtrisé. Ce n'est pas parce que nous serons devenus des permaculteurs-autonomistes que nos pulsions de violence, que nos « passions tristes » auront disparu. Hobbes, Voltaire, Durkheim, Freud... tous ont démontré notre indécrottable propension à envier l'autre, à le détester sans raison, à convoiter son bien, à chercher le pouvoir et ruminer des rancunes, jusqu'à l'ébullition.

Malgré toute la bonne volonté du monde et des centaines d'heures de yoga, ces bas instincts seront toujours présents en nous.

Alors, plutôt que de tenter de les étouffer sous un tombereau de superstitions, de règles morales et de verrous psychologiques – façon Torquemada chez les Mormons – nous aurons tout intérêt, pour le bien de nos communautés résilientes, à les laisser s'exprimer lors grandes fêtes, de carnavals fous, où chacun disparaît derrière un masque et les effluves d'alcool... Mais aussi grâce à des compétitions sportives et artistiques.

Le sport et les jeux remplacent la guerre. C'est ce que démontrent les sociologues Élias et Dunning, dans leur magnifique essai *Sport et civilisation* (1994), très justement sous-titré « *la quête de l'excitation et la violence maîtrisée* »[11]. Ils y décrivent le sport comme une libération contrôlée de nos pulsions. Une manière civilisée d'organiser notre violence « naturelle ».

---

11 Qui ferait un excellent « *name of your sex tape...* ». Bisous les fans de Brooklin 99.

> **La reco** : achetez d'ores et déjà au moins deux instruments de musique de bonne qualité - un à corde, l'autre à vent - dont vous pourrez apprendre à jouer plus tard, histoire d'occuper vos soirées !

PIONS, DÉS ET CARTES : BACK TO BASICS

« Un dé = d'infinies possibilités », disent les ados *nerds* à lunettes. Ayez toujours de quoi jouer à portée de main (chez vous, en voiture, dans votre *Bug Out Bag*) : un plateau d'échec ou de dames vous occupera des milliers d'heures ; 2 paquets de 54 cartes vous permettront de découvrir plus de 100 jeux différents, tout comme une paire de dés à 6 faces.

> **Construire soi-même un plateau de jeux d'échecs et de dames.**
> Pour les échecs, il vous faudra un plateau de 64 cases (8 de long, 8 de large). Pour un jeu de dames, c'est un plateau de 100 cases (10x10)... mais, dans la version allemande, anglaise et russe, on retrouve le plateau de 64 cases ! Privilégiez donc ce dernier format. Quant aux pièces, le simple fait de les tailler dans le bois vous occupera déjà bien assez longtemps !

SPORTS : BALLES, BALLONS ET TRONCS

Il existe plus d'une trentaine de jeux de balle et ballon à découvrir. Souvent des variantes de jeux pratiqués depuis le Moyen Âge :

- les <u>quilles</u> (ou chamboule-tout, ancêtre du *bowling*),
- le <u>jeu de boule</u> (qui donna la pétanque et ses variantes),
- la <u>balle au pied</u> (le *fotebal* médiéval, aussi nommé *jeu de soule*),
- la <u>balle au panier</u> (ancêtre du *basketball*), le ballon prisonnier et le *jeu de la bombe* (qui ont donné le *rugby* et le *handball*),
- le <u>jeu de paume</u> (ancêtre du *tennis*),
- la <u>balle au bâton</u> (ancêtre du cricket qui vient de *krik* – bâte en flamand – ainsi que du *baseball*).

Loisirs low-tech

Se faire un ballon maison. On peut s'inspirer des balles médiévales retrouvées par les archéologues à Moissac (Tarn et Garonne) ou des *pelotes* du XVe siècle retrouvées en Normandie. Il s'agit généralement d'une boule de paille fourrée dans un *sac* de cuir ou une vessie de porc suturée de façon à ce qu'elle forme une balle ronde.

Pas de ballon, ni de courage pour en fabriquer un ? Pas de problème : il vous reste les *Highland Games* ! Ces jeux écossais à base de lancers de rochers et de troncs d'arbres, sont une source d'inspiration intarissable ! Il n'y a qu'à se baisser pour trouver de quoi s'amuser en hurlant gaiement et buvant de la cervoise tiède.

JEUX ÉDUCATIFS, POUR TOUTE LA FAMILLE

L'apprentissage par le jeu est essentiel à la découverte de la vie en communauté (partager, coopérer, perdre ensemble...) et au développement intellectuel d'un enfant. C'est une des formes de stimulation cognitive les plus efficaces.

Les systèmes scolaires occidentaux ont progressivement réduit la part de jeu dans les programmes éducatifs. À tort selon moi. Le collapse pourra être l'occasion de lui redonner sa place.

Parmi les jeux éducatifs « durables », on peut trouver les jeux de construction libre (Kaplas en bois), les puzzles auto-réalisés (on peint sur un carton, on découpe le carton, on a un puzzle, on est content), la poterie (la terre glaise pour remplacer la pâte à modeler), écrire une lettre au Père Noël et/ou Fouettard, raconter des histoires (et pas seulement les écouter), faire la cuisine en suivant scrupuleusement une recette, apprendre à reconnaître un arbre ou une plante depuis un livre, mimer ses émotions, s'ennuyer aussi...

L'idée de génie : que faire si votre enfant déboule en râlant « *je m'ennuiiiiii* » ? Montrez-lui **la *doudou-list* PAGE 148** et proposez-lui de choisir une activité ! Ça marche à tous les coups !

Prêts pour l'effondrement

AUTOUR DU FEU DE CAMP

Ce soir, le G.O vous propose 7 activités géniales, autour desquelles construire des dizaines de jeux :

-<u>le sac à histoire</u> : on écrit 50 mots sur des bouts de papier placés dans un sac. Le premier joueur démarre l'histoire et, à tour de rôle, chaque participant titre un mot à partir duquel il poursuivra l'histoire.
-<u>le baccalauréat</u> : on fixe un thème et une lettre, et chaque joueur doit trouver un mot commençant par cette lettre.
-<u>qui rit perd</u> : chaque joueur raconte une blague et le premier qui rit a perdu (ou boit, ça dépend de l'âge des joueurs).
-<u>les devinettes</u> : un joueur pense à un mot que les autres doivent découvrir en posant des questions auxquelles on ne peut répondre que par oui ou non.
-<u>mensonge ou vérité</u> : à tour de rôle, chacun raconte une anecdote. Les joueurs doivent découvrir si elle est vraie ou inventée.
-<u>devine la chanson</u> : un joueur fredonne une chanson dont les autres doivent deviner le titre et l'auteur.
-<u>chansons de veillées</u> : procurez-vous les carnets de chant illico dans votre magasin de musique le plus proche !

JEUX DE RÔLES

Pas besoin d'être un *geek* pour apprécier un bon jeu de rôle, capable de nous faire visiter d'improbables univers. Pour les profanes, rappelons qu'un « jeu de rôle papier » est un jeu-histoire dont les participants incarnent les personnages, sous les indications du maître du jeu, qui raconte l'aventure et applique les règles. Parmi les plus connus, on trouve *Donjons & Dragons*, *In Nomine Satanis* ou *l'Appel de Cthulhu*.

Si vous manquez d'inspiration, une petite cure de *The Magic Sword* (le premier film d'héroïc fantasy, réalisé en 1962) devrait nourrir votre imagination.

Mais, avant de parvenir à créer un tel univers, de longues heures de travail vous attendent.

Loisirs low-tech

Et, pour vous guider dans cette quête, voici un tuto en 6 étapes :

1-Commencez par poser le décor, l'époque, le contexte.
2-Fixez les règles en rédigeant « le manuel du joueur ».
3-Définissez un système de jeu simple.
4-Imaginez les épreuves que devront traverser les joueurs au fil de leur quête.

Le manuel du joueur est la pièce de résistance d'un jeu de rôle. On y trouve les cadres dans lesquels chaque personnage va être conçu.

On y parle des points de vie, des caractères (force, intelligence, rapidité), des pouvoirs, compétences, races et métiers. À vous d'attribuer une « valeur » à chaque élément.

Ma méthode : définir 6 caractéristiques par personnage, puis attribuer à tout le monde 12 points pour chaque caractéristique. La seule chose qui distinguera un personnage d'un autre sera 1 unique point supplémentaire, que j'attribue à l'une ou l'autre caractéristique. Au total, chaque joueur disposera de 73 points. *Capiche ?*

Il faut ensuite faire de même avec les compétences. Puis définir les règles de combat et de soin (récupération, potions, sortilèges).

Au fil du temps, on a vu augmenter la complexité des « systèmes de jeu » (la méthode de calcul de la réussite des actions, selon le résultat d'un lancé de dé et des aptitudes du personnage). Ils exigent désormais des dés spéciaux à 10, 20 voire 100 faces !

Mais, dans une démarche autonome et durable, je vous recommande de vous limiter à un système utilisant un ou deux dés classiques à 6 faces (dont voici un patron à décalquer).

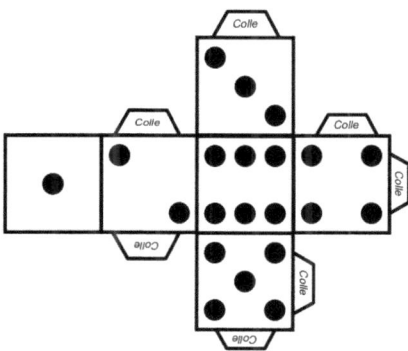

Prêts pour l'effondrement

Que faire si votre enfant déboule en râlant « je sais pô koi faiiiiiire ! » Proposez-lui de choisir une activité dans...

LA DOUDOU LIST

FAIRE DES CRÊPES	CONSTRUIRE UNE CABANE DANS SON LIT	DESSINER
LIRE UN LIVRE	PEINDRE DES COQUILLES D'OEUFS	FAIRE UNE LIGNE DE DOMINOS ET LA FAIRE TOMBER
ECRIRE À PAPI OU TONTON	FAIRE UN COLORIAGE	CONSTRUIRE UNE MAISON AVEC DES BOUTS DE BOIS
ETUDIER LA VIE D'UN INSECTE AVEC UNE LOUPE	JOUER À CACHE CACHE	ECRIRE MES PLATS FAVORIS POUR INSPIRER LES PARENTS
FAIRE UN PUZZLE	JOUER AU BALLON	PASSER LE BALAIS DANS MA CHAMBRE
CONSTRUIRE UN AVION EN PAPIER	ECRIRE UNE LETTRE AU PÈRE NOËL	DÉCOUPER DES IMAGES DANS DES JOURNAUX

Et si vous leur offriez un *Baby Foot coopératif* ? Bon, tout le monde connaît le *baby foot*, hein ? Eh bien un génie, du nom de Jim Deacove, en a imaginé un modèle où on joue tous dans la même équipe, contre... la gravité ! Il suffit de surélever les pieds d'un côté pour incliner le plateau de jeu, afin que la balle soit naturellement entraînée vers l'un des buts. L'équipe devra alors lutter contre la balle, pour ne pas prendre de but ! Coordination, rapidité, fous rires... ici tout le monde gagne ou tout le monde perd, mais ensemble !

Que faire de son argent avant, pendant et après l'effondrement ?

LA DÉBANCARISATION, PIÈGE À CONS !

Beaucoup de survivalistes prônent de sortir du système bancaire, en supprimant toute forme de crédit et d'épargne financière. Certains vont même jusqu'à préférer les prêts sur gage (mont de piété), les prêteurs particuliers (bonjour l'arnaque) et le financement participatif (« *aidez-moi à m'acheter un fusil de chasse semi-automatique !* »).

Je ne suis pas un adepte de la fameuse « économie du don » (*freeconomy*) que certains appellent de leurs vœux. Oui, l'idée de se lancer dans un *road trip* minimaliste au volant d'un combi Volkswagen tout pété, pour s'opposer à une société ultra-consumériste peut apparaître inspirante.

Mais, malheureusement, ce mode de vie n'est pas tenable en cas d'effondrement.

Pourquoi ? Parce qu'il repose sur la générosité d'individus ou d'organisations pleinement intégrés au système.

Faire les poubelles d'un supermarché, échanger des soins dentaires contre des heures de jardinage, vivre sur un terrain communal gracieusement prêté : tous ces petits arrangements ne tiendront plus le jour où la crise sera venue. À bon entendeur...

EN ATTENDANT L'EFFONDREMENT :
MOVE YOUR MONEY !

Inutile d'être sorti de la cuisse d'un énarque jupitérien pour comprendre que les marchés financiers ne s'intéressent plus à l'économie réelle, mais en assèchent les ressources et appliquent, sans discernement, la même une logique comptable à toutes les entreprises : moins il y a de dépenses, plus il y a de bénéfices et mieux c'est. Même s'il faut licencier tout le monde.

Conséquences : côté bourse, les crises récentes ont prouvé que le capitalisme financier et son « économie de casino » [Keynes] sera probablement le premier domino à s'écrouler.

Quant aux obligations d'État, leurs taux négatifs fragilisent les assurances-vie en « fonds euros », dernier placement financier encore sécurisé.

Résistez à la tentation des crypto-monnaies !

Miser sur les Bitcoins, Tethers, Litecoins... est souvent présenté comme un moyen facile de stocker de la valeur hors du système bancaire. Critiquées pour leur volatilité, les crypto-monnaies sont devenues matures en s'adossant à des valeurs sûres, comme l'or ou le soja – on parle alors de *stablecoins*. Il y a donc de quoi se laisser tenter.

Mais n'oubliez pas que ces monnaies virtuelles ne doivent leur existence qu'au bon fonctionnement de super-serveurs informatiques extrêmement gourmands en électricité et en eau (pour leur refroidissement). Selon une étude publiée dans la revue *Joule* en 2021, le minage des cryptos consomme près de 3 % de l'énergie mondiale. Bref, ce n'est pas une solution soutenable.

Autre faiblesse : un gouvernement peut très aisément bloquer, du jour au lendemain, leur conversion en monnaie courante. Et là, c'est la *loose !* D'ailleurs, la plupart des cryptos se vantent d'être hors système, décentralisées et libres, alors qu'elles dépendent de serveurs chinois. *It's a little bit ironic, don't you think ?*

OÙ (DÉ)PLACER SON ÉPARGNE ?

Option n°1 : investir dans un actif d'usage, comme une baraque en zone rurale.

On parle parfois *d'immobilier transitionnel*. On peut s'acheter une maison à la campagne, ou améliorer sa propre maison, voire investir dans son immeuble ou son quartier, pour les rendre plus autonomes et résilients : isolation, panneaux solaires, éolien individuel, serre, un beau poêle de masse, un potager partagé dans son quartier, un espace de résilience locale, etc.

Ici, on investit pas pour s'enrichir, mais pour maintenir un cadre de vie, après l'effondrement.

Option n°2 : investir dans sa santé.

Personnellement, je préfère être modeste *mais* en bonne santé, qu'aisé et malade ! À bientôt 40 ans, je me suis donc lancé dans un *check-up* complet.

Pour chaque organe, j'ai consulté deux spécialistes. Ils m'ont fait subir des scanner, IRM, tests cardios. Ont analysé tous mes fluides, ainsi que mon ADN. Et m'ont diagnostiqué plusieurs « défaillances » – mineures aujourd'hui ; mais qui pourraient s'avérer majeures demain.

J'ai aussi entamé une psychothérapie de fond, un régime contre le colon irritable, une rééducation posturale chez un kiné. J'ai pratiqué l'acupuncture, la chirurgie des yeux au laser, le Pilate, le cri primal, l'infiltration de gel dans des articulations...

Je ne vous raconte pas ce que j'ai claqué en dépassements honoraires, jours de congés, médicaments non-remboursés, équipements ou déplacements... Ni ce que j'ai perdu chez des charlatans et des incompétents.

Oui, mais voilà. Maintenant je n'ai plus besoin de lunettes, j'ai divisé par 10 mon risque de cancer du côlon, résorbé ma hernie discale, ralenti l'arthrose de mes genoux, remplacé plusieurs molaires, résolu mes conflits psy, renouvelé mes vaccins, réduit mon mauvais cholestérol. J'ai appris à faire du sport même confiné, à méditer, à préserver mon estomac, à mieux manger, mieux m'asseoir...

Prêts pour l'effondrement

Pour une grosse poignée d'euros, je suis devenu moins dépendant d'un système médical déjà au bord de la rupture. Un système médical qui sera la première victime d'un effondrement.

Et ça, ça n'a pas de prix (en fait si, mais c'est moins cher qu'il n'y paraît).

Option n°3 : investir dans des projets durables, portés par des coopératives écolo.

Vous avez l'embarras du choix : cigales.asso.fr, garrigue.net, terresdeliens.org, le Crédit Coopératif, terracites.fr, etc...

Vous pouvez aussi miser sur les « Licoornes ». 8 coopératives qui concurrencent les grands opérateurs sur tous les marchés, de la téléphonie, à la finance, en passant par le train...

Depuis peu, ces sociétés coopératives d'intérêt collectif (SCIC) se sont alliées pour fonder les *Licoornes*. Un nom choisi en pied de nez aux « licornes », ces *start-up* valorisées à plus d'un milliard de dollars.

Car, contrairement à ces dernières, ces SCIC sont à but non lucratif et fonctionnent selon un système démocratique. Par ailleurs, elles prônent des valeurs écolos et solidaires.

Leur nom : Mobicoop (transports), Railcoop (train), CoopCircuits (alimentaire), Enercoop (énergies renouvelables), la Nef (banque), TeleCoop (téléphonie), Commown (internet) et Emmaüs (seconde main).

Toutes adhèrent aux principes de la *slow money* : ralentir les flux d'argent, investir dans des instruments financiers simples et compréhensibles par tous, viser la création et le maintien d'emplois locaux.

Leur but : ramener l'argent sur terre, pour financer une économie éco-compatible et investir dans des projets locaux et utiles. Pour que l'économie sociale et solidaire prenne le *lead* sur les marchés dans 10 ans.

Alors, si vous rêvez d'investir... Ne rêvez plus et agissez !

PENDANT L'EFFONDREMENT : ASSUREZ VOTRE RÉSILIENCE FINANCIÈRE

Partons du principe que l'argent ne se mange pas. Jusqu'ici, on est d'accord. En cas d'effondrement, la monnaie (qui ne repose que sur la confiance dans l'État) perdra sa valeur. D'ailleurs l'hyperinflation est généralement un signe annonciateur de l'effondrement d'un pays (*cf* le Liban ou le Venezuela).

Cependant, à moins d'un collapse brutal, dû à la réalisation d'un cygne noir[12], l'effondrement prendra la forme d'un basculement progressif vers la fin d'un monde et le début d'un autre.

Une transition durant laquelle les monnaies nationales continueront de subsister, même si le système bancaire vacille ou que leur valeur joue aux montagnes russes.

Dans ce contexte, est-il vraiment utile de stocker dès maintenant 2.000 à 5.000 € en petites coupures réparties dans des caches, sous son jardin ou son parquet ?

Et faut-il croire ces survivalistes qui ne jurent que par l'or physique (pièces et lingots) ? L'histoire des conflits récents, en Europe de l'Est ou au Proche et Moyen-Orient, nous apprend que les métaux précieux ne servent pas vraiment de monnaie d'échange.

D'abord, parce que la monnaie repose sur la confiance et qu'en période de chaos, la confiance est rompue : on préfère le troc à l'argent. Ensuite, parce que les pièces précieuses ont une valeur faciale bien trop élevée pour les échanges entre particuliers : vous vous voyez acheter un rouleau de PQ et trois boîtes de raviolis en conserve avec un Louis d'or ? Naaaan.

Cette histoire de métaux précieux est une légende urbaine. Croire qu'ils seront faciles à écouler au quotidien et négociables en toutes circonstances – mêmes les pires – est une vue de l'esprit inspirée du Far West américain. Cette nouvelle mode de l'or en barre vient d'ailleurs des États-Unis, où des boites comme la Silver American Eagle Coin Box, spécialisées dans la vente de pièces d'or et d'argent au prix de gros, ont fait fortune sur le mythe d'un or salvateur. Mythe qu'elles entretiennent savamment !

---

12 Un événement improbable dont la réalisation aura des conséquences considérables… coucou le Covid-19 !

Prêts pour l'effondrement

Gare à « l'or papier » !
Peut-être avez-vous entendu parler de ces titres, émis par des Exchange Traded Funds (ETFs), eux-mêmes adossés à une réserve d'or. Le plus connu est Gold Bullion Securities, dit GBS. Aucun investisseur sérieux n'en veut, car ils présentent un énorme « risque de contrepartie » (vous avez un bout de papier, mais ne verrez jamais la couleur de l'or, ni des billets).

Malgré tout, l'échange de « monnaie papier » est tellement ancré dans nos habitudes, qu'il mettra un certain temps à être abandonné. Garder du cash à proximité n'est donc pas une stratégie absurde.

Attention, néanmoins, à ne pas retirer de trop grandes quantités, histoire de ne pas vous faire voler, ou de tout perdre en cas d'inflation galopante.

Conservez 500 à 2.000 € grand maximum, cela vous permettra d'éviter la panique d'un éventuel *bank run* : ce moment où tout le monde tente de retirer son fric en même temps et... où les banques ferment leurs guichets et éteignent leurs distributeurs.

Par contre, investissez dans certains produits faciles à conserver et qui vont littéralement « valoir de l'or » en cas d'effondrement.

Je pense notamment à :

- **des petits plaisirs du quotidien**, pour lesquels certains seront prêts à se damner : PQ, tablette de chocolat, bouteille d'alcool, clopes, parfums, café moulu, jolie montre, le livre d'Eli (merci Denzel !)...
- **des bougies**, qui pourraient bien devenir le seul moyen de s'éclairer pour une bonne partie de la population !
- **des piles électriques**, avec lesquelles on pourra redémarrer des objets du « monde d'avant » et s'offrir une petite tranche de nostalgie.
- **des médicaments :** antibiotiques, anti-douleurs, désinfectants, antihistaminiques, insuline...
- **des lapins et cochons-d'inde** : ils se reproduisent rapidement, et constituent une source de protéines facile à consommer.

Bref, misez sur le troc malin. Surtout que le risque de se faire assassiner pour une tablette de chocolat est moins grand que si l'on se pavane avec des Francs Suisses Or ! Quoique...

La vérité sur les fonds de garantie des dépôts bancaires

C'est une des théories du complot les plus efficaces de tous les temps : celle des « faux » fonds de garantie des dépôts bancaires, mis en place par le méchant lobby des banquiers et de l'Europe, pour voler not' argent. Sa force est qu'elle repose sur une réalité, habilement détournée et réarrangée, pour donner une impression de complot.

Commençons par les faits. Le FGDR (Fonds de Garantie des Dépôts et des Résolutions) né en 1999, commence à faire parler de lui après la crise de 2008. Tout part de la directive européenne de 2009 qui relève les garanties bancaires à 100 000 €. En clair : si votre banque est déclarée en faillite et que vos avoirs sont devenus indisponibles, vous serez indemnisé à hauteur de 100 000 € (pour info, les Français disposent tout au plus de 15 000 € sur leurs comptes courants et livrets). Or, on a découvert que le fonds ne disposait que de 3 à 5 milliards d'euros selon les périodes, ce qui représente moins de 0,5 % des dépôts couverts. Immédiatement, la machine à complots s'est emballée sur un air de : « *le F.G.D.R est un leurre. Au prochain krach, les banques feront faillite et toute votre épargne disparaîtra en une nuit.* » Ce qui, faut l'avouer, peut vous gâcher l'après-m et même une partie de la soirée...

Alors, détendez-vous ! Il n'y a pas de « vol organisé de l'épargne » des gens. Pourquoi ? Parce qu'aucune grande banque française ne fera faillite ! Pourquoi ? Parce qu'elles sont too big to fail ! Ça veut dire quoi ? Que la faillite d'un maillon du système bancaire risquerait d'emporter avec elle tout le système. C'est ce qui s'est passé lors de la chute de Lehman Brothers en 2008 qui a emporté Wall Street avec elle, puis l'économie mondiale.

Bref, le jour où une grande banque fera faillite, l'État et l'Union Européenne interviendront pour la recapitaliser via des apports massifs de capitaux publics (vous connaissez l'adage : *on privatise les bénéfices et on nationalise les pertes*). On peut aussi envisager des nationalisations ou un rachat par un concurrent...

Le FGDR n'est donc pas fait pour sauver le pécule des petits épargnants (ça c'est l'État qui s'en charge), mais pour assainir le paysage bancaire national, en permettant de laisser tomber des petites banques locales, sans que leurs clients ne soient pour autant sacrifiés.

À ce propos, intéressez-vous au scandale du Crédit Martiniquais, ruiné par des investissements frauduleux qui font l'objet d'interminables procès.

Attention : les assurances-vie ne sont pas couvertes par le FGDR, mais par un système d'indemnisation complémentaire, qui en théorie, assure les bénéficiaires à hauteur de 70 000 €.

APRÈS L'EFFONDREMENT :
LE RÈGNE DES MONNAIES LOCALES ?

L'argent est le cœur (le Dieu ?) de la société techno-industrielle. Il permet d'organiser des échanges commerciaux anonymes, virtuels et déshumanisés. Cependant, son hégémonie est vouée à disparaître avec le rétrécissement du monde qui accompagnera les futures crises des ressources naturelles et énergétiques. On peut espérer que le poumon des relations économiques redevienne **la confiance**, c'est-à-dire un lien intime, construit entre vous et votre boulanger, charpentier ou médecin.

Pour autant, il est absurde de dire que « le monde d'après » abandonnera les échanges monétaires. Qui peut croire que le commerce, qui existait 4 000 ans avant notre ère, disparaîtra du jour au lendemain ?!

Bon, peut-être verrons-nous renaître une économie de troc, basée sur la confiance et l'interdépendance. Un modèle que décrit « l'anthropologue naïf » Denis Blondin dans *La mort de l'argent* (2003), ainsi que Charles Eisenstein dans son essai *Sacred Economics* (2011). Pour autant, toujours selon ces ouvrages, l'économie du partage ne peut fonctionner qu'à l'échelle d'une micro-communauté de 100 à 500 habitants, tout au plus.

C'est pourquoi une monnaie locale née avant le collapse pourrait s'avérer très utile, ne serait-ce que pour assurer les échanges entre communautés locales. L'avenir repose donc aussi sur des monnaies alternatives, comme l'Eusko, l'Abeille, le Stück de Strasbourg, la Sardine de Concarneau, le Déodat de Saint-Dié, la Pêche, la MoPPa de Paris... On en compte 82, alors je vais pas toutes vous les faire ! Juste vous dire que, par chez moi, dans l'Eure, on a l'Agnel et le Rollon. Je sais, ça manque un peu de *swagg* côté *naming*, hein ?

Actuellement, les monnaies locales sont avant tout un outil de soutien aux producteurs locaux. Leur circulation est limitée à un territoire et aux commerçants qui s'y trouvent et l'acceptent.

Mais, dans une société post-collapse, ce type de monnaie permettra d'organiser les échanges au sein et entre communautés.

Quelle est la différence entre ces monnaies locales et les monnaies nationales ? Leur indépendance du système bancaire : nous aurions, enfin, dans nos poches, une monnaie publique, d'intérêt général.

Que faire de son argent

Et, en lieu et place des banques privées, chaque communauté locale disposerait d'une coopérative financière, autorisée à réaliser des micro-crédits d'investissement à taux zéro.

Prenez l'exemple de la Gonnette. En circulation sur le territoire lyonnais depuis 2015, 1 Gonette = 1 euro. Ces euros vont dans une banque éthique, où ils sont investis dans l'économie sociale et solidaire locale... Pendant que 90 % de l'argent que vous déposez sur votre compte bancaire sort de l'économie locale, pour financer des sociétés cotées en bourse. Les Gonettes, elles, ne font que passer de la main des consommateurs à celle des commerçants du coin, lors d'achats, mais aussi de prêts à taux zéro.

Cette idée vous intéresse ? Pour aller plus loin, je vous recommande le *Nouveau manuel de microfinance* dirigé par Joanna Ledgerwood (éd. Oeconomia, 2018).

Et sinon, savez-vous comment s'appelle votre monnaie locale ?

Soyez prêts à vivre sans assurance : j'ai l'habitude de dire que l'effondrement, c'est quand il n'y a plus de police... ni judiciaire, ni d'assurance (oui, je sais, je m'auto-cite, et alors ?). L'effondrement sera non seulement celui du système bancaire, mais aussi celui du secteur des assurances – qui est déjà en mauvaise posture. Il faudra donc organiser un retour aux formes d'assurances familiales et de voisinage : votre assureur sera votre frangin, votre copain, votre voisin. Vous avez donc intérêt à bien vous entendre avec eux !

Trouvez une légende à ce dessin et envoyez-la à jacques@escapethecity.life

Prêts pour l'effondrement

Stockez malin !
Les 19 essentiels auxquels personne ne pense

Le web regorge de survival-listes plus ou moins complètes et absurdes (stocker 30 kg de popcorn...WTF !?). La plupart des preppers oublient qu'il revient à chacun de composer sa propre liste, selon ses besoins et ses habitudes. Conséquence : il manque souvent à ces listes des trucs que nous n'utilisons pas en tant normal, mais qui seront de précieux alliés sur la route vers l'autonomie.

Avertissement : beaucoup de marques profitent de ce manque d'infos et du stress des consommateurs, pour déployer un véritable marketing survivaliste. Ne vous laissez pas prendre par les grosses ficelles de ce *business* de la parano qui pousse à l'achat de gadgets inutiles qui encombrent votre stock. Investissez plutôt votre argent dans des formations (D.I.Y, premiers soins, permaculture, mécanique) qui vous permettront d'accéder à l'autonomie dans le monde d'après, plutôt que de stocker des souvenirs de l'ancien monde dans vos placards !

Cette liste vient compléter (très intelligemment, d'ailleurs, mais cela va sans dire) le contenu de votre *Bug Out Closet*. Mais, elle ne saurait s'y substituer. Si vous n'avez pas encore pris connaissance de la B.O.C List, précipitez-vous **PAGE 77.**

1-Le *firesteel* (ou pierre à feu)

Alors oui, le briquet BIC, c'est top. La flamme est immédiate, et il résiste (vraiment) au froid et à l'eau. Mais, quand on pense autonomie, le *firesteel* s'impose. Plus besoin de gaz, plus de risque que la molette se casse : vous frottez les deux pierres à feu et le tour est joué !

Attention : pas de snobisme. Priorité au briquet. Le *firesteel* c'est pas pour le style, mais pour les coups durs. Pour apprendre à s'en servir, matez des tutos, entraînez-vous. Ça va pas se faire tout seul !

Stockez malin !

2- Un nécessaire de couture

Évidemment, pas de sac de survie sans ruban adhésif ultrastrong type Duck Tape. Oui, mais une fois votre stock épuisé, vous serez bien heureux de trouver votre kit de couture avec un fil à coudre extra fort et des aiguilles à gros chas. De quoi réparer n'importe quel tissu... ou même suturer des plaies.

3- De la monnaie-papier-cul

Survivre sans papier-cul est possible. Mais, pour beaucoup de petits bourgeois, le PQ deviendra un luxe absolu. *This is gold*. Pensez-y la prochaine fois que vous serez sur le trône. Pour info, une famille de 4 personnes en consomme environ 250 rouleaux par an. Alors, certains seront prêts à tout pour ne pas se salir les mains (bon appétit, bien sûr) !

4- Des bougies

Certains ont des lampes torches à piles, d'autres à dynamo, solaires ou des *lightsticks* chimiques. Mais si l'on pense autonomie, il faut aussi penser bougie (ça rime), d'autant plus qu'un lot d'une centaine de bougies longue durée s'achète pour quelques euros sur le web.

5- Une vache à eau

Dans ce seau de tissu étanche, vous pouvez convoyer de l'eau ou des excréments, au choix et, de préférence, dans le bon ordre.

6- Un urinoir féminin portable

Vous avez peut-être entendu parler du *Gogirl* ou *Pissedebout*. Cet ustensile est très pratique pour éviter de perdre du temps à faire pipi et se retrouver dans en position de faiblesse, le pantalon aux chevilles : pas pratique pour pisser dans le potager (un engrais naturel) ou détaler en vitesse en cas de danger !

7-Des livres de poésie

Oui, ça pèse lourd, c'est vrai. Mais, un poème peut vous sauver la vie : il vous offre un échappatoire, un vagabondage furtif de l'esprit, un instant de répit pour tuer l'ennui.

8-Un masque « FFP3 » réutilisable

C'est le masque de type « *Filtering Facepiece Particles* » *:* le plus efficace contre les particules fines comme l'amiante, les PM10 des gaz d'échappement ou les virus mortels de merde.

9-Des sacs poubelles

À quoi bon des sacs poubelles ? L'idée est de passer en mode zéro déchet, non ? Bien sûr ! Mais les usages du sac poubelle sont bien plus nombreux qu'on ne le pense : ils peuvent obstruer une vitre cassée, servir de vache à eau de fortune pour récolter et transporter de l'eau de pluie, servir de poncho-K-way saillant, de toit pour votre abri de fortune ou protéger des documents.

10-Plein de Vodka

Quoi de mieux qu'attendre la fin du monde, un cocktail aux lèvres ? Mais pourquoi spécialement de la vodka ? Parce que sa forte teneur en alcool (40 % environ) en fait un tueur de germes très efficace. Ce breuvage peut ainsi servir d'anti-bactérien naturel, utile pour le ménage, mais aussi pour les soins médicaux, les bains de bouche, la désinfection de lames...

Par contre, ne tentez jamais de noyer une plaie dans de l'alcool, façon John McLane. L'alcool va tout brûler sur son passage, germes et tissus sains avec. Cela retarderait votre guérison. Par contre, un peu d'alcool peut aider à nettoyer les contours de la plaie. *Last but not least* : il n'y a pas meilleur combustible que la Vodka pour préparer un cocktail Molotov. *Nazdarovia !*

Stockez malin !

11-Des gants en nitrile

Non, je n'ai pas écrit Mithril, ça c'est dans *Le Seigneur des Anneaux*. Ici, je parle de nitrile.

Plus résistants que les gants blancs de votre dentiste, ils protègent les mains des contaminations, aussi bien lors de soins médicaux que du transport et du traitement de déchets ou de travaux ménagers.

12-Des pains de savon de Marseille à l'huile d'olive

Ce savon, neutre pour la peau, peut aussi bien servir à se laver le corps, les cheveux, les dents (faute de mieux), les vêtements, qu'à désinfecter une plaie, faire la vaisselle (avec une eau « dure », c'est-à-dire très minéralisée).

Attention, nombre de savons dits « de Marseille » sont des copies industrielles bourrées de saloperies. Mes recherches en savon de qualité m'ont permis de retenir 4 producteurs authentiques : Marius Fabre, la Savonnerie du Midi, le Sérail et le Fer à Cheval.

13-Du bicarbonate de soude et de l'acide citrique

Ce sont LES produits miracle multi-usages naturels ET à petit prix, indispensables pour faire ses produits d'hygiène et d'entretien maison (lessive, liquide vaisselle, déodorant hypoallergénique, désinfectant). Mais ils ne sont pas seulement les roi et reine des produits ménagers : en plus, ils se mangent !

L'action du bicarbonate pour réduire l'acidité de l'estomac est mondialement connue... l'Aqua Seltzer, ça vous dit quelque chose ? Eh oui c'est du bicarbonate vendu à prix d'or ! En absence de dentifrice, une pincée de bicarbonate sur votre brosse aidera à empêcher l'apparition de caries et d'aphtes. Il peut encore être utilisé comme shampoing sec (une fois par semaine, saupoudrez du bicarbonate sur vos cheveux secs et laissez agir quelques minutes. Un coup de brosse et vous êtes une star !). *Idem* pour vos aisselles ou vos pieds : après les avoir lavées, saupoudrez-les de bicarbonate. Il absorbe l'humidité et neutralise les odeurs de transpi'. Mieux encore : ses propriétés antifongiques en font un bon allié contre les mycoses et candidoses (avec un peu d'eau, formez une pâte à appliquer).

La même crème pourra aussi vous soulager des démangeaisons dues aux piqûres d'insectes ou à l'urticaire et l'eczéma. Problème : la fabrication du bicarbonate de soude chimique, via le « procédé Solvay », demande un bidouillage chimique assez délicat à réaliser chez soi... Mieux vaut en stocker des tonnes (n'ayez crainte, ça n'explose pas !).

Précautions : *le bicarbonate n'est pas conseillé aux femmes enceintes, aux enfants de moins de 5 ans, ni aux personnes souffrant d'hypertension ou d'insuffisance cardiaque ou rénale.*

14-Des filtres à thé

Outre leur fonction première (faire du café, du thé et des tisanes), ces sacs biodégradables sont très utiles pour filtrer l'eau de pluie, par exemple.

15-Serviettes hygiéniques lavables et culottes menstruelles

Oubliez les coupes menstruelles : ce dispositif favorise les infections urinaires à streptocoque ou staphylocoque, qui peuvent rapidement virer à la catastrophe.

Oubliez aussi les serviettes ou tampons (même bio). Sachant qu'une femme utilise en moyenne 20 serviettes ou tampons par cycle menstruel (soit 240 unités par an) votre stock ne durera pas longtemps ! Sans parler des perturbateurs endocriniens qu'ils contiennent.

Alors, oui, il y a toujours les serviettes lavables et réutilisables avec filtres en charbon de bambou ultra-absorbant et lavable à 40°C !

Mais le *must*, c'est la culotte menstruelle. Achetez-les ou fabriquez-les par paquet de 5, histoire de ne pas vous prendre la tête à les laver dix fois par mois.

Pensez à l'interdépendance des produits entre eux. Par exemple : sans briquet ni allumette, impossible d'allumer les bougies ; sans piles, impossible de faire fonctionner les lampes torches, etc...

16-Du gros sel gris

Il vous permettra de réaliser des conserves lacto-fermentées dans des bocaux à joint de caoutchouc (voir **page 180**).

17-Un bouillon de légumes lyophilisés type *Gemüse*

Il suffit d'y verser un peu d'eau chaude, et hop, vous avez une soupe saine et nutritive pour toute la famille ! Quelques morceaux de pain sec ou de pomme de terre bouillie complètent ce repas rustique, frugal, mais réconfortant !

18-Une diversité de graines à germer

Les graines de lentilles, lin, chia, roquette ou moutarde sont nutritives et faciles à conserver. Il suffit de 3 à 5 jours dans un bocal humide (rincer et égoutter chaque jour), pour qu'elles commencent à germer et soient consommables, sans cuisson.

19-Du miel

Le miel fait partie de ces produits universels à la conservation quasi-illimitée. Il permet de sucrer les plats, mais aussi de panser une plaie ou une brûlure (sur les humains comme les animaux et les végétaux) et même de se laver les cheveux !

Prêts pour l'effondrement

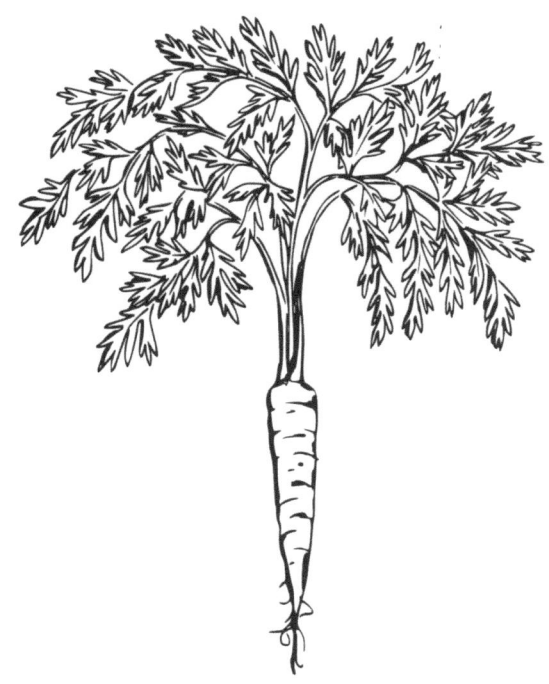

L'ALIMENTATION

Prêts pour l'effondrement

Démarrer un potager luxuriant !

Le travail de la terre est un art subtil. Il vous faudra DES ANNÉES de tâtonnements et d'efforts pour apprendre à lire la terre, les plantes, savoir les soigner et jongler avec les multiples calendriers (semer, repiquer, arroser, éclaircir, récolter...). Je me contenterai donc de vous donner quelques pistes de réflexion.

CHOISIR UNE TECHNIQUE DE CULTURE QUI VOUS RESSEMBLE

Depuis les années 70, de très nombreuses méthodes de culture ont vu le jour, sous différents noms. Actuellement, la permaculture tient le haut du tableau. Demain, une autre mode prendra sa place.

Toutes sont des *patchworks* de techniques anciennes, utilisées ici ou là, et réunies au sein d'un seul et même manuel : *le* **Manuel pratique de la culture maraîchère de Paris** publié en 1845 par messieurs Daverne et Moreau.

Leur but : obtenir des rendements exceptionnels tout en respectant la nature. Une méthode en « couches chaudes », capable d'assurer 8 récoltes par an ! Une micro-agriculture bio-intensive, qu'on retrouve dans les livres du canadien Jean-Martin Fortin.

Pour autant, ne vous lancez pas dans cette aventure sans avoir butiné **La révolution d'un seul brin de paille**, écrit par Masanobu Fukuoka en 1975. Ce manuel a donné ses lettres de noblesse à « l'agriculture naturelle ». C'est une œuvre sensible, aussi pratique que spirituelle, sur les « méthodes oubliées » de jardinage.

J'ai aussi beaucoup apprécié un livre récent : **le Petit traité du jardin punk**, écrit par Eric Lenoir en 2018. Un petit livre qui vous « apprend à désapprendre », et surtout à ne pas trop en faire et laisser le potager pousser ! **Le poireau préfère les fraises**, de Hans Wagner m'a aussi beaucoup aidé à associer et faire tourner les cultures.

Pour le reste, ne vous encombrez pas trop de calendriers, dictionnaires ou grands formats pleins de photos. Pour ma part, je fais confiance aux éditions *Rustica* qui ne m'ont jamais déçu.

Démarrer un potager luxuriant !

L'AGRICULTURE EST UNE ARCHITECTURE DU VIVANT

Vous l'avez vu, il n'y a pas que la permaculture dans la vie. Mais la force de cette méthode est d'avoir su rassembler le meilleur des « méthodes anciennes », et notamment l'idée que cultiver sans creuser, ni pesticider !

Sur ces bonnes bases, on peut considérer qu'il existe 5 étapes nécessaires pour démarrer un potager comme il se doit. Soyez patients, y parvenir vous prendra 2 bonnes années, au moins !

Étape 1 : faites connaissance avec votre sol (3 jours)

Creusez un trou de la profondeur d'une main et prélevez une poignée de terre. Examinez sa couleur. Claire : elle est pauvre. Noire : elle est riche. Sentez-là. Elle exhale une odeur agréable de forêt/champignon : elle est riche. Son odeur est désagréable ? Elle est pauvre. Prélevez 2 cuillères à soupe de terre et mettez-les dans un verre rempli d'eau. Mélangez. Trois jours plus tard, la terre se sera séparée en 3 couches. Vous saurez quels amendements lui apporter.

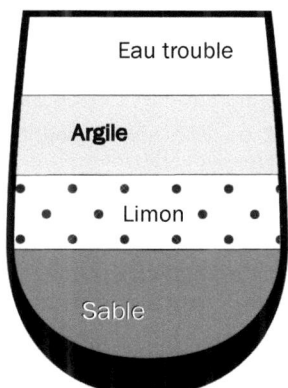

Une terre favorable à la culture comprend :
10 à 20 % d'argile, 30 % de limons, 40 à 50 % de sables.

Une brève histoire de la vie et de la mort des sols

Laissez-moi vous confier l'enseignement épiphanique du très illustre Claude Bourguignon, agronome et microbiologiste, dont le bon sens m'a littéralement explosé à la figure.

Bourguignon enseigne que l'arbre est le maître des sols. « Il ne peut y avoir d'agriculture durable qu'en forêt. » Les branches et les feuilles de l'arbre tombent et nourrissent la faune *épigée* (terrestre). Leurs excréments vont permettre aux champignons de se développer et de créer un humus. Au printemps, les bactéries vont minéraliser cet humus (nitrates, phosphates...) et la pluie va faire descendre ces minéraux dans le sol, où ils vont nourrir les racines des arbres et celles de vos plantations. C'est un cycle parfait.

Deuxième utilité des arbres : ils récoltent l'eau de pluie, l'absorbent, et la relâchent via leurs racines profondes, directement dans la nappe phréatique, sous la roche mère. Sans arbre, pas d'eau. Dans cette partie profonde du sol, les sécrétions acides des racines des arbres vont transformer la roche mère en argile. C'est là qu'une faune *endogée* (souterraine) entre en scène, en consommant les racines mortes des arbres.

Pour créer « le sol », argile et humus doivent se rencontrer. Cela se fait par l'entremise des lombrics. Leurs déplacements de bas en haut et de haut en bas vont mêler l'argile à l'humus. Derrière eux, ces vers de terre laisseront des excréments : les turricules, de petits amas spaghettesques de terre noire. C'est ainsi que naît le « complexe argilo-humique », c'est-à-dire le sol. Darwin sera le premier à étudier ce phénomène, lors de travaux archéologiques.

Mais, voici qu'au début du XXe siècle, l'agriculture industrielle et ses charrues profondes mototractées (contrairement à celles de nos anciens, tirées par des bœufs et qui ne faisaient que gratter le sol) a commencé à enterrer l'humus et asphyxier le sol. Puis, en ajoutant des engrais chimiques, l'agro-industrie a voulu stimuler les bactéries créatrices de minéraux. Ces dernières se sont progressivement substituées à l'humus. Les lombrics, affamés, ont presque disparu : leur population a été divisée par 200 en moins d'un siècle.

En leur absence, plus de va-et-vient souterrain. Plus personne ne fait le travail de remontée de l'argile à la surface. Conséquence : les éléments (potasse, phosphore, azote...) vont se déverser dans les nappes phréatiques et les polluer. C'est ainsi que le sol s'appauvrit, pour le plus grand bénéfice de l'agro-chimie. Ces véritables pyromanes-pompiers vont ainsi justifier la vente massive d'engrais et de graines génétiquement modifiées, pour maintenir les rendements.

Démarrer un potager luxuriant !

À ce stade, l'argile va se détacher du sol et, à chaque pluie, venir charger les nappes phréatiques en boues. C'est la mort physique des sols... « *L'agriculture ne nourrit plus les hommes*, conclut Claude Bourguignon, *elle enrichit les industriels.* »

En bref : l'agro-chimie tue le sol ! Pour le réactiver, rien de mieux que **le bois raméal fragmenté** (BRF) : paillez et laissez-y les feuilles d'automne emportées par le vent !

Étape 2 - Étudiez le terrain et dessinez votre potager (1 an)

Concevoir un potager en permaculture, c'est un peu comme construire une maison : on pense à l'orientation du soleil, aux vents, à l'agencement des pièces...

Munissez-vous d'un carnet dédié à l'observation du potager. Tracez-y un plan de votre parcelle, avec arbres, animaux et puits...

Au fil des mois, tracez les angles de la course du soleil à chaque saison, les ombres portées des arbres ou des bâtiments, les secteurs secs, les poches d'eau où la pluie s'accumule, l'orientation des vents dominants, les températures, la pluviométrie...

Ce plan d'orientation sera la base du design de votre potager. Il vous permettra de semer là où les plantes trouveront leur place et la quantité de soleil qui leur est nécessaire. Mais aussi de savoir où planter des arbres ou des feuillus pour protéger certaines plantes du soleil et du vent, où installer la serre (de préférence au Nord), comment organiser les cultures... C'est un travail très délicat.

Il doit aussi intégrer des zones d'accueil des animaux prédateurs qui joueront le rôle d'anti-nuisibles et de pesticides (perchoirs à oiseaux, cachettes à hérissons).

Il devra enfin organiser le compagnonnage entre les plantes, afin qu'elles se protègent mutuellement.

Revenez-y plusieurs fois, modifiez-le, jusqu'à obtenir quelque chose qui vous satisfasse.

Pour ma part, je me suis inspiré de divers dessins trouvés dans Le Guide Larousse de la Permaculture.

Voici, d'ailleurs, **page suivante**, le plan de mon potager normand.

D'abord, merci d'excuser mes piètres qualités de dessinateur. Ensuite, il s'agit ici d'un plan de potager d'automne. Les cultures changeront avec les saisons. Enfin, ce n'est que mon deuxième automne d'expérimentation et je n'ai pas encore une pleine maîtrise des facteurs (ombre, ensoleillement, pluie, qualité de la terre).

Lire la météo sans techno. Certains peuvent essayer de lire le temps dans les nuages. Mais, mieux vaut avoir un baromètre de Torricelli. Depuis 1643, il indique l'ambiance du temps de la journée, sans aucune électricité.

Démarrer un potager luxuriant !

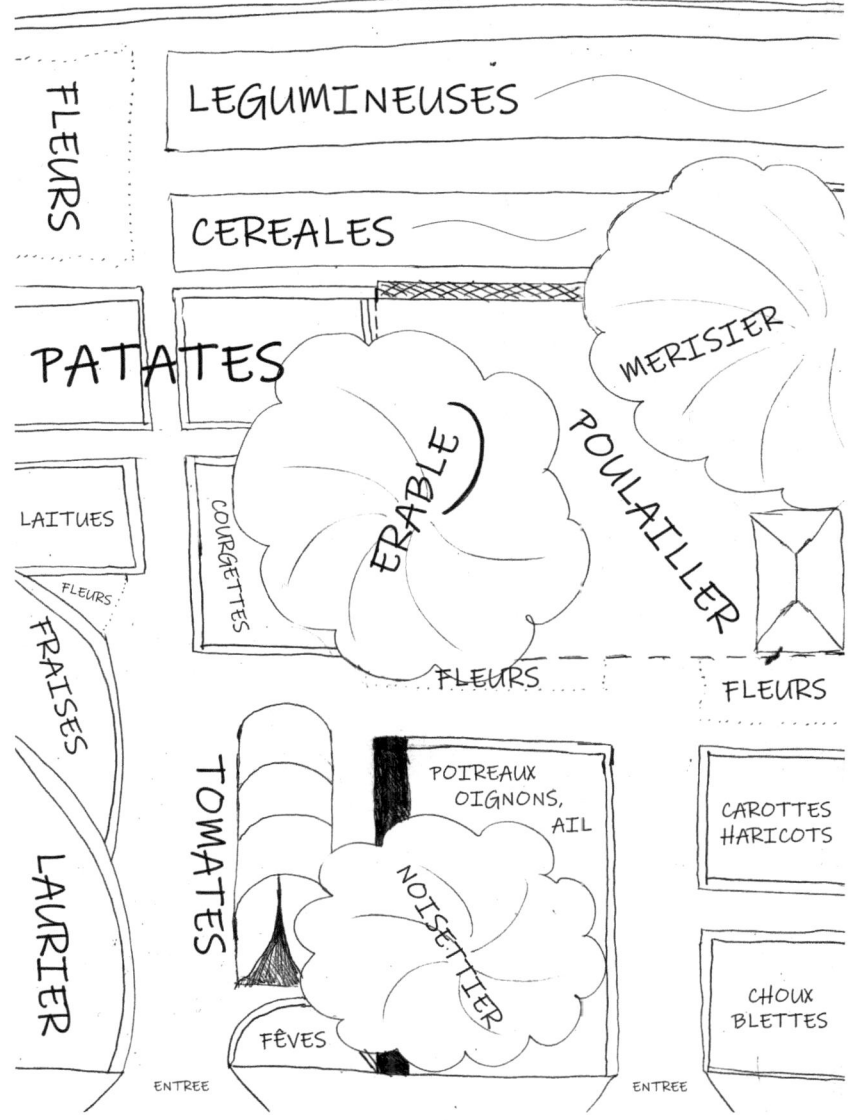

Étape 3 : nourrissez votre terre entre la fin de l'été et le début de l'automne (6 mois)

Aérez la terre à l'aide d'une grelinette, en plantant ses dents dans le sol d'avant en arrière. Puis, paillez la terre en fin d'été ou début d'automne (quand il fait encore relativement chaud), avec une vingtaine de centimètres de foin, des tontes de gazon étalées, des feuilles mortes, des copeaux de bois, du compost, du fumier... (le fameux BRF, c'est un peu le secret de la permaculture). Le paillage conserve le sol humide et remplace un système d'arrosage par goutte à goutte ou tuyau microporeux.

Un permaculteur ne creuse pas. Il crée un tas de terre riche, sur lequel il plante. Les snobs parlent même de « *No Dig Garden* ». Généralement, on plante et on sème dans la couche de paillage. Parfois, la terre est trop pauvre et il faut « recréer » un sol en empilant des couches de nutriments. On parle, alors, de buttes ou de lasagnes.

Pour votre sol, un bon paillage végétal est sans égal !

Inspiré par l'agroforesterie, le paillage végétal (ou BRF) est la nourriture d'un sol vivant et généreux. Paillez, paillez et paillez encore, avec tout ce qui vous tombe sous la main ou des arbres.

La recette d'un paillage nourrissant est simple : 1/3 d'acide (écorces, branches broyées) + 1/3 d'azote (tonte de gazon, paillage végétal comme les tiges de moutarde, fèves et phacélies) + 1/3 de carbone (feuilles mortes, compost, paille).

En gros, un peu de tout quoi !

Démarrer un potager luxuriant !

Devenez un maître composteur en deux temps et trois coups de pelle !

Transformez le contenu de vos poubelles et de vos WC en engrais gratuit et terreau fertile ! C'est beau la nature, n'est-ce pô ?

Il suffit de respecter quelques règles simples, car certains déchets ne sont pas compostables (peaux d'agrumes, yaourt, viande, cartons traités à l'anti-moisissures). Mais, les coquilles d'œufs sont les bienvenues.

D'autres déchets ont tendance à « pourrir » plutôt qu'à composter, comme les restes de tontes ou la paille (mieux vaut les étaler sur les zones de culture, façon paillage).

Ensuite, tentez de respecter un équilibre entre déchets verts (épluchures) et déchets bruns (feuilles mortes). Les uns produisent de l'azote, les autres du carbone. À parts égales, ils se complètent et activent le compost. Mon conseil : chaque fois que vous larguez un seau de déchets verts, ajoutez un seau de déchets bruns et donnez un coup de fourche pour mélanger et aérer le tout. Les organismes décomposeurs vous diront merci ! Et voici mon petit secret : quelques poignées d'orties ou du marc de café accélèrent le processus de fermentation.

Vous pouvez déverser vos déchets dans un silo en bois, ou bien tout simplement en tas. Quel que soit votre choix, éloignez-le de votre maison et du potager : les rongeurs adorent s'y creuser un terrier. Pour eux, c'est un peu comme dormir dans un supermarché !

Le compost est « mûr » lorsqu'il est noirâtre, grumeleux et sans odeur. Il ne doit plus être possible de distinguer les éléments qui ont servi à le composer. On ne doit plus y rencontrer de vers rouges, censés y grouiller en début de processus.

Une dernière chose : il vous faut impérativement <u>2 composteurs</u>, lancés à une année d'écart. Ainsi, une fois le premier rempli, il aura le temps de « composter »... pendant que vous remplirez le second. Comme ça, vous aurez toujours du compost à disposition !

Étape 4 : au printemps, plantez !

Attendez quand-même le 15 mai pour semer ou planter en extérieur. Avant, vous risquez d'exposer vos graines ou vos plants à des gelées nocturnes imprévues. Les anciens parlent des « Saints de Glaces », mais cette expression change de sens selon les régions...
En attendant, vous pouvez démarrer vos cultures dans une serre.

Choisissez des plants ou semences bio et surtout reproductibles.
Vous avez envie de tout semer ? C'est tout à votre honneur. Mais sachez que faire ses semis soi-même demande un bon coup de main, et une maîtrise de la météo locale.
De préférence, choisissez des pieds et des graines bio, reproductibles (donc pas F1, comme on en achète généralement dans le commerce), que vous pouvez retrouver chez des maraîchers bios ou des petits semenciers. N'hésitez pas aussi à échanger vos graines et plants, ou à utiliser des grainothèques !
Faites ensuite la liste des plantes annuelles (qui se reproduisent chaque année) et des plantes bi-annuelles (qui se reproduisent tous les deux ans) afin de contrôler et d'anticiper vos prochaines productions.
Semez ou plantez dans le paillage, sans creuser, en poussant simplement les graines dans la terre, avec un doigt ou un outil. Notez les dates de semis ou de plantation, sur un calendrier, afin de ne pas rater la période des récoltes !
Mais, si votre terre est compacte et tassée, grelinez un bon coup ou travaillez avec une bêche à dents.
Il faut l'ameublir et l'aérer... mais PAS la retourner !
Ensuite, évitez de marcher sur vos carrés de culture : cela compacte la terre et étouffe les vers. Limitez la largeur de ces carrés à 1m20, afin de pouvoir les enjamber aisément.
Quant aux mauvaises herbes (adventices), elles demandent une maintenance de quelques minutes chaque semaine. Ne commencez pas à surprotéger votre potager ! Laissez-le un peu tranquille.

Démarrer un potager luxuriant !

Trois façons de protéger vos plantes naturellement

-Macération d'orties contre les acariens et les pucerons :
1 poignée de feuilles d'orties dans 1 L d'eau de pluie. À concocter une journée où il fait plus de 20°C pour que le mélange macère toute la journée dans la chaleur. À pulvériser une fois par semaine pendant 1 mois.

-Jus de rhubarbe contre les chenilles et les pucerons :
Tremper 500g de feuilles (sans la tige) dans 3 L d'eau de pluie. À laisser tremper une journée. Pulvériser 1 fois par jour pendant 3 jours.

-Se débarrasser des limaces ?
Éloignez-les avec des épluchures de patates entassées dans un coin, pour détourner leur attention. Ou bien, disposez des coquilles d'œufs écrasées autour des plantes. Les limaces s'y piqueront le ventre en glissant dessus. Aïe !

-Contre les attaques d'altises (ou puces de terre) ou d'oiseaux, la méthode la plus efficace est de recouvrir les plants d'un voile blanc (dit « de forçage »).

Mais il n'y a pas de meilleure méthode que d'associer intelligemment les plantes entre elles pour les protéger et les renforcer mutuellement.

---

*

NE SORTEZ PAS SANS VOTRE
BIBLE DE L'AUTONOMISTE-SIMPLICITAIRE

Vous ne pouvez pas vous lancer en quête de résilience urbaine sans avoir sur votre table de chevet l'on-ne-peut-plus-fameux ***Grand guide Marabout de l'autonomie*** de John Seymour, fruit de dizaines d'années d'expérimentation dans plusieurs petites villes britanniques. In-dis-pen-sable.

Prêts pour l'effondrement

Le jardin du futur se plante dès maintenant !

La hausse des températures et les sécheresses vont changer nos paysages. Notre façon de jardiner doit s'adapter à ce changement majeur.

La variété de choix de végétaux risque de se réduire à peau de chagrin, si nous ne faisons pas un effort d'imagination.

Je me suis donc inspiré de jardins d'ailleurs, plantés dans des terrains où le minéral a pris le dessus sur le végétal. Un jardin dit héliophile (qui aime le soleil).

J'ai ainsi pu sélectionner 10 végétaux de l'extrême, capables de se plaire dans notre climat tempéré... et de s'adapter sans peine à son changement progressif.

5 plantes décoratives	5 plantes productives
Musa	Poivrons
Salvia	Figues
Euphorbia marginata	Pois chiche
Dahlia cactus	Topinambour
Echeveria	Laitue romaine

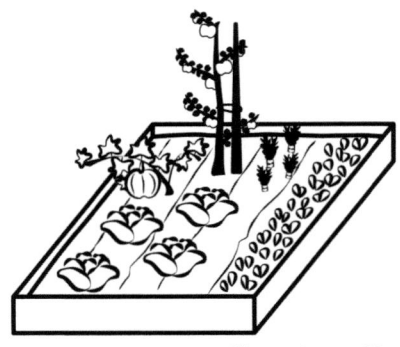

Illustration par Nastja Vivod du Noun Project

Vivre sans réfrigérateur hiver comme été !

Un frigo consomme entre 250 et 500 kWh/an, soit près de 15 % de la facture d'électricité d'un ménage. Vous l'avez compris : pour atteindre l'autonomie énergétique, il va falloir vous passer de votre réfrigérateur, le seul appareil électroménager à fonctionner 24h/24 et 7j/7. Alors, prêts pour un voyage dans le temps, à la redécouverte des techniques de conservation de vos (arrière)-grands-parents ?

LE GARDE-MANGER

De l'Antiquité aux années 1880 (date de l'invention du réfrigérateur par l'ingé allemand Carl von Linde), le garde-manger était le top pour conserver la bouffe. Aujourd'hui, cet objet désuet est devenu une star d'Instagram.

Le garde-manger, c'est une armoire d'1m50 en bois léger et souvent grillagée (pour la protéger des insectes et des rongeurs).

Il contient une dizaine de tiroirs (ou clayettes) et de bacs, destinés à accueillir les légumes, fruits, œufs, du pain enroulé dans un tissu, de la charcuterie, des pommes de terre, des oignons, du gâteau...

On peut le placer dans une cave, un cellier, le grenier ou une dépendance orientée au nord.

Où s'en procurer ? Si vous n'êtes pas bricoleur, vous pourrez facilement trouver des modèles en bois, fabriqués en France et à monter soi-même.

Vous pouvez aussi profiter de grands travaux dans votre maison pour creuser un cellier enterré : une cave à légumes et à conserves, située à 2 mètres de profondeur environ. Là où la température oscille entre 8 et 12°C toute l'année, et où l'humidité atteint les 70 %. Bien ventilé, le cellier souterrain de quelques m² se révélera aussi efficace qu'un frigo ! C'est pas moi qui le dit ; mais des millénaires d'histoire !

Le conseil du cuistot : planifiez vos repas de la semaine pour éviter le gaspillage.

Et l'été ? Adoptez le « frigo du désert » (ou zeer) : deux pots de terre cuite, imbriqués l'un dans l'autre. Entre eux, du sable imprégné d'eau deux fois par jour afin qu'il ne sèche pas. Le pot intérieur contient les aliments. Le pot extérieur doit être poreux et laisser l'eau s'infiltrer. Le tout est recouvert d'un tissu humide qui fait couvercle.

On le dépose à l'extérieur, contre un coin frais de la maison, à l'abri du soleil.

Ce dispositif permet un refroidissement basé sur l'évaporation d'eau. La technique ne date pas d'hier, mais des pharaons d'Égypte, autour de 2 500 ans av. J.-C.

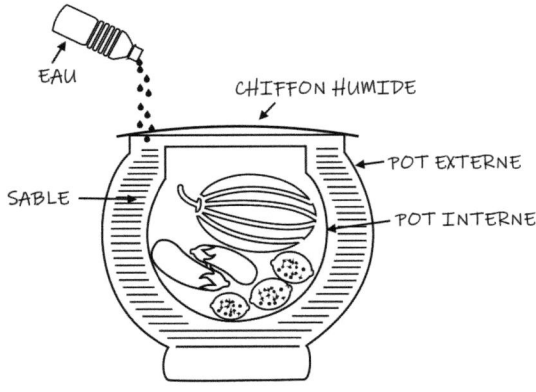

Schéma du Zeer à faire soi-même, inspiré par le Low Tech Lab
(voir sur lowtechlab.org/wiki)

Vivre sans réfrigérateur

PETITS CONSEILS PRATIQUES
POUR CONSERVER VOS RÉCOLTES

-Pommes de terre : poser une pomme (le fruit) au milieu des vos patates pour ralentir leur germination.

-Carottes, panais, betteraves : les placer à la verticale, dans un tonneau plein de sable.

-Salades, oignons nouveaux, poireaux, radis, laitues, endives : à placer dans de l'eau, racines en bas.

-Beurre : dans un beurrier à eau, une technique employée par les marins (le beurre est en partie plongé dans de l'eau de mer. Ainsi, il est à l'abri de l'air et le sel va le conserver plus longtemps).

-Pommes : placer des bouchons de liège entre chacune d'elles pour augmenter leur conservation.

-Poires : mettre de la cire sur leurs queues aide à les conserver.

-Fromages : les conserver dans une « cave à fromage » en bois (sorte de mini-garde-manger).

-Viandes, poissons et produits laitiers frais : ce sont les 3 produits les plus difficiles à conserver sans frigo. Consommez-les dans les 2 jours de leur achat ou faites-en des conserves, pâtés et fromages.

-Du laurier dans la farine, pour repousser les insectes et éviter les larves.

Le conseil du pro : ne retirez pas la terre qui traîne sur les légumes. Elle les préserve.

LES MÉTHODES DE CONSERVATION LONGUE DURÉE

1-Les conserves (appertisation)

Il vous faut des pots en verre à couvercle à joint de caoutchouc, avec leur « tire-rondelle » (stockez-les en nombre !). D'abord, stérilisez vos bocaux, couvercles et rondelles de caoutchouc dans l'eau bouillante pendant 10 mn. Laissez-les sécher, sans les essuyer.

Les légumes doivent être préalablement blanchis (plongés quelques minutes dans de l'eau bouillante salée, afin d'éliminer les impuretés et qu'ils conservent leurs nutriments et leur couleur).

Remplissez les bocaux avec l'eau la plus chaude possible, jusqu'à 2 cm du rebord max. Fermer le bocal avec le caoutchouc.

Une fois fermés, mettez-les dans une grande marmite (placez un torchon au fond pour empêcher tout choc entre le verre et le métal) et recouvrez-les d'eau salée jusqu'à 5 cm au-dessus, avant de couvrir d'un couvercle.

Faites bouillir l'eau durant 1 à 2 heures, selon la recette. C'est le grand défaut de cette méthode : elle est très coûteuse en énergie. Mais vous pouvez toujours faire l'opération au feu de bois.

Attendez ensuite que l'eau refroidisse naturellement avant de sortir le bocal et de le placer à l'envers pour le sécher. Vérifiez que le vide soit bien fait, en débloquant le système de fermeture : le couvercle doit rester collé au caoutchouc. Conservez-les dans un lieu sec, à l'abri de la lumière.

Pour quels aliments ? Tous ou presque : fruits, plats cuisinés et légumes (même si le goût laisse à désirer) !

2-La lacto-fermentation

On plonge les légumes dans une saumure contenant 30 grammes de sel par litre d'eau. Ceci permet une fermentation contrôlée des aliments et élimine les bactéries nocives (la plupart des bactéries ne peuvent tolérer une concentration de sel supérieure à 10 %).

La méthode de préparation des bocaux est proche de celle des conserves.

Lavez et découpez les légumes avant de les faire blanchir dans de l'eau bouillante pendant 2 minutes (ou pas, c'est au choix). Plongez-les dans la saumure : utilisez de l'eau filtrée (l'eau du robinet est chlorée et ne convient pas), et du sel marin non raffiné. Faites fondre 30 grammes de sel dans chaque litre d'eau.

Remplissez les bocaux avec les légumes, les aromates, de l'eau froide salée et refermez le tout.

Placez-les dans une pièce à 20°C pendant 2 jours, pour favoriser la fermentation. Puis, conservez-les dans un lieu plus frais (18°C maximum). Attendez un mois avant de déguster. Ne prenez pas les légumes avec vos doigts pleins de bactéries : utilisez une pince. Une fois entamé, le bocal doit être consommé dans les 48 heures (on ne peut pas le conserver au frigo...).

Pour quels légumes ? Chou, carotte, betterave, concombre, aubergine, ail, haricots verts, tomates vertes, cornichons, oignons...

3-Le séchage

En supprimant l'eau d'un aliment, on évite sa moisissure. Le séchage permet de préserver les viandes. Pour le séchage, je vous recommande d'utiliser un four solaire. Autonome, efficace et pas (trop) cher. Pour quels aliments ? Abricots, ananas, pommes, mangues, raisins, tomates, pêches.

4-Le salage (salaison)

Et pourquoi ne pas faire votre propre charcuterie ? La technique du salage à sec fonctionne avec du magret de canard, du filet et de l'échine de porc ou de bœuf. On compte 2 jours de salage par kilo de viande.

Il faut frotter la viande avec un mélange de sel et d'aromates, puis la presser afin de la vider de son sang, avant de la laisser reposer dans une pièce fraîche. Ici, la viande pourra sécher naturellement (s'affiner) pendant plusieurs mois. Pour la dessaler, un passage d'une bonne heure à l'eau claire sera nécessaire.

Pour en savoir davantage, je vous recommande le *carnet de Bernadou*, intitulé *Charcuterie et Salaisons*, écrit par Jacques Bernadou (éd. Loubatières, 2007).

Paléolithique, végétarien, crétois... Quel régime alimentaire adopter ?

Dans un mode de vie simple, autosuffisant et hors de toute agriculture intensive, devra-t-on dire adieu aux steaks, burgers, côtelettes et cuisses de poulet ? Devra-t-on opter pour un végétarisme strict ? Aura-t-on suffisamment de bras pour faire pousser assez de céréales, ou devra-t-on s'en passer ?

J'ai mis en perspective de nombreux régimes pour dégoter le plus compatible avec le monde d'après.

Quelques blagues se cachent dans ce tableau, saurez-vous les retrouver ?

RÉGIME VÉGÉTARIEN

Un régime sans aliment d'origine animale, sauf œufs et lait. Il demande de cultiver de nombreuses céréales et légumineuses riches en protéines (lentilles, quinoa, avoine).

Un des régimes les mieux adaptés à la vie en autosuffisance.

Attention, toutefois, à ne pas consommer trop de fruits sucrés (cause de diabète), de céréales (qui restent des sucres), ni d'œufs (source de cholestérol).

Enfin, il existe un risque de carence en vitamine B12...

Heureusement, les algues et les fruits de mer en sont pleins !

Quel régime alimentaire adopter ?

RÉGIME PALÉO

En 1985, l'anthropologue Boyd Eaten publie un éloge du régime alimentaire de nos lointains ancêtres.

Ce régime va inspirer des diététiciens, qui y voient un remède à l'obésité ou l'hypertension et vont imaginer une alimentation sans produits transformés ni laitages, céréales, patates ou sodas.

Il se compose de fruits et de légumes, mais aussi de beaucoup de viande et de poisson (en hommage au côté chasseur de nos ancêtres).

Et c'est justement là que le bas blesse : trop de protéines animales.

Cette alimentation sera donc difficilement tenable en mode autonomie, car elle exigera de tuer vos bêtes ou de partir souvent à la chasse et à la pêche.

RÉGIME MAYO

Non, rien à voir avec une alimentation à base de mayonnaise. Ce régime doit son nom à la clinique Mayo où il a été conçu.

C'est une diète sans... sucre, gras, légumes, féculents ni laitages. Mais alors, on bouffe quoi !? Grosso-modo : du blanc d'œuf et du pamplemousse.

Une stratégie particulièrement adaptée aux habitants de la Floride, le pays du pamplemousse, surnommé « le baiser du soleil ».

Pour ma part, ce sera no comment. Ou plutôt, NO tout court.

RÉGIME MÉDITERRANÉEN/CRÉTOIS

Connu depuis les années 50, c'est le régime de la population ayant la meilleure espérance de vie en Europe. Une alimentation à base de graisses insaturées (huiles d'olive ou de colza), sans viande rouge ni volailles, œufs ou sucre. Le seul plaisir autorisé : un petit verre de vin rouge par jour. Un régime plein d'Oméga 3 et 6, ainsi que d'antioxydants.

Certes, il s'adapte parfaitement aux conditions de vie en autonomie. Mais il faudra, cependant, prévoir un élevage de poissons gras, de caprins et une production importante d'oléagineux (olives, noix...). Par contre, inutile d'élever des poules. Vous vous éviterez donc l'insupportable chant du coq en pleine nuit.

Son seul défaut ? C'est un mode de vie assez sévère, qui laisse peu de place aux « douceurs ». Dur dur pour le moral !

RÉGIMES D.A.S.H ET M.I.N.D

Derrière ce nom de lessive, une « diététique pour stopper l'Hypertension » : un régime sans sel, graisse ou alcool.

Le M.I.N.D mixe le D.A.S.H au régime crétois, afin de prévenir l'apparition des maladies neurodégénératives. Et les résultats sont plutôt encourageants.

Bien suivi, il réduit les problèmes d'hypertension et les risques de maladies cardiovasculaires. Mais ces avantages se retrouvent aussi dans d'autres régimes.

Il a les mêmes limites que le régime crétois.

Quel régime alimentaire adopter ?

RESPIRIANISME

Dans respirien il y a « rien ». Libéré de la consommation de tout aliment autre que l'eau et la lumière, vous vous alimentez de *Prana*, l'énergie cosmique. Un régal ! La star de ce régime radical est l'australienne Ellen Greves, alias Jasmuheen.

Même si un jeûne peut s'avérer bénéfique, ce n'est pas une pratique à prendre à la légère. L'espérance de vie sans nourriture solide est de 30 jours. Ce truc est donc une merde.

Le jeûne intermittent : un repas en moins, des années en plus !

Un jeune est une privation complète d'aliments solides et caloriques pendant une période limitée. Seule l'eau et les thés/tisanes sont permis (on déconseille le café, trop agressif pour les muqueuses). Il a fallu des décennies pour que la médecine occidentale constate les vertus « purificatrices » du jeûne... une thérapie millénaire en Orient, connue pour purger le corps de ses toxines.

Les études montrent qu'un jeune de 15 à 16 heures par jour fait entrer le corps en homéostasie (auto-guérison) ou, plus trivialement, en mode *nettoyage*. En même temps, votre corps étant privé de glucose, il va puiser dans ses réserves de graisse et les transformer en sucre, destiné au cerveau.

Concrètement, il suffit de sauter le petit-déj'. Pour ma part, j'arrête de manger à 21 h et je recommence le lendemain, à midi (15 heures plus tard) jusqu'à 21 h, et ainsi de suite ! Je dors 8 heures sur les 15, et je saute le petit-déj'... que je sautais déjà ! Je pratique le jeûne intermittent 6 jours sur 7. Mais vous êtes libre de commencer par 1 jour, puis monter jusqu'à 7 jours sur 7 ! On peut aussi choisir des cures ponctuelles d'un mois, par exemple.

Le secret pour tenir, c'est l'eau : ayez toujours une gourde d'eau, de thé ou de tisane (mais pas de jus, ni de kéfir ou même de soupe, car votre estomac serait alors sollicité pour en digérer les sucres).

CRUDIVORISME

La philosophie de ce régime est de consommer des aliments vivants (crus ou non transformés).

La légende veut que ce régime vienne des Esséniens, un groupe religieux vivant il y a plus de 2 000 ans. Selon ses promoteurs, le cru pourrait détoxifier le corps des poisons issus des nourritures *mortes* et transformées. Les cuissons à basse température sont aussi tolérées.

Le crudivorisme convient très bien à un mode vie simplicitaire.

Il inclut le lait, la viande, le poisson et le miel. Il permet d'économiser des allumettes, mais aussi de profiter de toutes les vitamines des aliments... que la cuisson détruit (surtout la vitamine C).

Cependant, le 100 % cru n'est pas conseillé : la cuisson permet de tuer les bactéries qui prolifèrent sur la viande (notamment le porc) et certains aliments se digèrent mieux cuits. C'est ici que la basse température entre en action !

**La pyramide du « manger vivant »
(en ordre de grandeur)**

RÉGIME CÉTOGÈNE

Ce régime fait le pari de la graisse contre le sucre et ses méfaits (obésité, cancer). Il connaît de nombreuses restrictions, et mise allègrement sur les protéines et les graisses animales. Il interdit de nombreux légumes et céréales.

Ce régime de vélociraptor est assez inadapté à la vie post-effondrement puisqu'il demande de sacrifier moult animaux de basse-cour.

BILAN
Alors, quel serait le meilleur régime collapsovore ?

Ma préférence va à un régime à la fois **végétarien, crétois et (plutôt) crudivore.**

-Les seules protéines animales seraient les œufs de vos poules, ainsi que le fromage et/ou les yaourts du lait de vos chèvres.

Oui, vos chèvres et non vos vaches. Pourquoi ? Parce qu'une chèvre se contente de moins de 10 litres d'eau par jour, quand une vache laitière a besoin de plus de 70 litres d'eau ! Ensuite, le lait de chèvre serait bien plus digeste que le lait de vache, grâce à ses acides gras et des triglycérides à chaîne courte, qui donnent des graisses faciles à digérer.

-Un potager et une cuisine sous influence méditerranéenne.

Priorité aux tomates, courgettes, céréales complètes, légumineuses, fruits, aromatiques (basilic, menthe). Des plats dont la base serait toujours : huile d'olive + ail + oignon.

J'ai longtemps cru qu'en Normandie, l'huile d'olive serait un problème. Et pourtant, le réchauffement climatique me permet désormais de faire pousser des oliviers, ainsi que des bananiers, citronniers, figuiers et de la vigne !

Mais il me faudrait au moins 5 kg d'olives pour obtenir 1 litre d'huile, et mes jeunes arbres ne donnent pas grand chose. Faites le calcul... et plantez tôt vos oliviers, qui mettront des dizaines d'années à « donner » de belles récoltes – si les maladies ne les ont pas décimés d'ici-là.

Si on a pas envie de se ruiner en oliviers, peut-on opter pour de l'huile de colza, de lin, de chanvre ou de noix ? Oui pour le Colza, le lin ou le chanvre, très riches en oméga 3 et 9. Mais les huiles de noix et noisette, elles, ne se cuisent pas !

-*Une cuisine crue et des cuissons à basse température*

Rien de mieux pour économiser l'énergie que de réduire celle dépensée à cuire les aliments ! Pour les légumes, jouez sur le cru, le lacto-fermenté (qui est une forme de cuisson au sel), la cuisson dans du jus de citron (les latinos disent ceviche). Pour les légumineuses et les céréales complètes, n'oubliez pas que vous pouvez faire germer une partie de vos graines en guise de condiment !

Quant à la cuisson, soyez conscients qu'au-delà de 60°C le légume ou le fruit perd la plupart de ses nutriments, détruits par la chaleur. Alors, mangez vivant (enfin, pas les animaux, hein !)

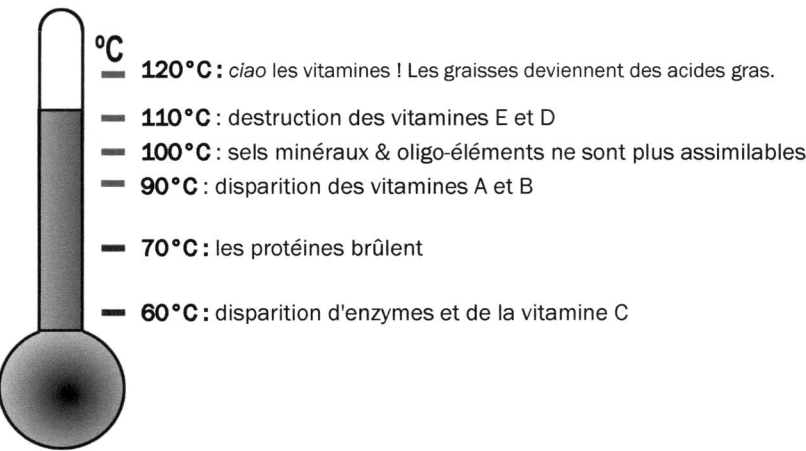

°C
- **120°C :** *ciao* les vitamines ! Les graisses deviennent des acides gras.
- **110°C :** destruction des vitamines E et D
- **100°C :** sels minéraux & oligo-éléments ne sont plus assimilables.
- **90°C :** disparition des vitamines A et B
- **70°C :** les protéines brûlent
- **60°C :** disparition d'enzymes et de la vitamine C

Quel régime alimentaire adopter ?

Je vous recommande de récupérer une « table de cuisson à basse température » (pas un meuble-table, hein, mais un document de type tableur). Elle vous permettra de maîtriser le rapport poids/temps/température pour chaque aliment et de réussir vos cuissons à basse température.

Voici donc à quoi pourraient ressembler vos repas quotidiens :

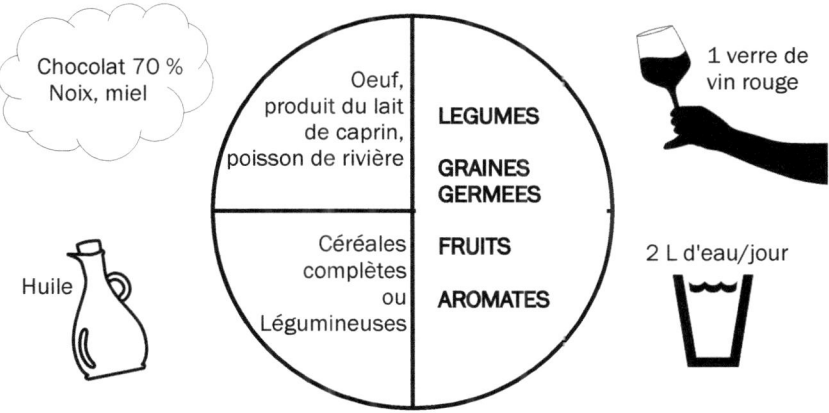

Ça tombe bien ! Ce régime fait écho à celui proposé par une poignée de gastro-entérologues et de diététiciens que j'ai pu interroger au fil des mois, dans un cadre pro et perso.

À chaque fois que je leur ai demandé « *quel régime préconisez-vous à vos patients atteints de gros problèmes de santé ?* », ils m'ont décrit une alimentation sans produits d'origine animale (produits laitiers inclus), ni fritures, ni sucreries (pâtisseries...) ou alcool. Une alimentation presque exclusivement composée de flocons d'avoine, fruits, légumes et de riz complet, le tout agrémenté d'eau plate ou de thé/tisane sans sucre.

Évidemment, je pousse ici le bouchon un peu trop loin. Mais cette démonstration a le mérite de faire le point, sans blabla, débat, ni concession, sur les aliments sains dont notre corps a besoin et les aliments malsains, dont on peut (doit ?) se passer.

Il ne manque que le régime végan : qui est plus un mode de vie qu'un simple régime. C'est pourquoi je l'ai traité **PAGE SUIVANTE**.

ÊTRE VÉGAN À L'HEURE DE L'EFFONDREMENT…
On fait comment ?

Le véganisme survivra-t-il à la fin des approvisionnements en tofu, seitan, whey *et autres substituts protéinés ? L'effondrement sonnera-t-il la fin des* beans *pour les végans ?*

Avant l'industrialisation, manger de la viande à tous les repas était rare. Et ce *way of life*, arrivé d'Amérique dans les années 40' avec le Jazz et les Lucky Strike, est voué à disparaître. Eh oui, quand il faut tuer soi-même un animal, on fait un peu moins le malin que quand on l'achète tout dépecé, vidé, découpé et précuit.

Et pourquoi pas ?

C'est sûr, ce sera plus compliqué de commander en ligne son complexe de protéines (des poudres hyperprotéinées qu'on trouve dans les boutiques des salles de sport ou les sites de culturistes).

Mais elles resteront toujours aussi faciles à préparer à la maison. Ces substituts sont au régime végan ce que les sachets de minicarottes pré-pelées sont à l'apéro : un truc de fainéant.

En réalité, leur contenu se retrouve dans des produits aussi basiques que les lentilles, le quinoa ou les amendes. Bref, adieu les *snacks* de poudre et bonjour les terrines aux champignons !

Pensez quand même à vous organiser !

Dans un premier temps, prenez quelques cours de cuisine ou entraînez-vous avec des livres spécialisés. Choisissez des recettes ultra basiques, comme la fabrication des laits végétaux, du tofu, de terrines de légumes ou de plats zéro déchets.

Il s'agit moins d'acquérir de grandes compétences que d'apprendre à faire simple et efficace avec un minimum d'ustensiles et d'énergie.

Végans et végétariens : stockez des lentilles, du soja et ayez toujours des fruits secs oléagineux chez vous. Attention, car ces derniers tournent facilement en raison de leurs graisses. N'en amassez pas des tonnes. Amandes et noisettes se conservent un an maximum dans un cellier aéré.

Quel régime alimentaire adopter ?

Tuto : les protéines végétales pour les nuls

Pour rester en bonne santé, un adulte doit manger 10 % de son poids en protéines, chaque jour. On oscille donc entre 50 et 90 grammes quotidiens de protéines, selon votre corpulence. Attention, cela ne veut pas dire qu'il suffit d'ingurgiter 90 g de protéines végétales type lentilles ou amendes pour atteindre l'objectif... car ces deux-là ne contiennent que 25 g de protéines pour 100 g de produit.

Petit tour des végétaux les plus riches en protéines

Grosso-modo, les apports protéiques doivent correspondre à :
-0,83 g/kg/jour chez l'adulte,
-1 g chez la personne âgée (1,2 g en cas de pratique d'une activité d'endurance type grelinage ou transport de poutres en hêtre).

Dans cette liste, je compte en % pour 100 g

Quinoa 14 %	Lentilles 25 %	Amandes 25 %
Soja 36 %	Orties fraîches 60 % sèches 40 %	Amarante livide 80 % réfléchie 50 %

Mais aussi lupin et pois en tout genre, chanvre, fruits à coque (noix, noisettes, pistaches, amandes...), champignons (surtout le *shiitake*, qui se conserve très longtemps sec). Et continuez à manger des végétaux, l'apport en vitamines est indispensable !

Si vous voulez démarrer un potager, binez donc jusqu'à la **PAGE 166.**

Si vous préférez partir à la rencontre des plantes médicinales et de leur utilisation, faites infuser jusqu'à la **PAGE 228.**

Chasser au fusil ou à l'arc ?
Le meilleur *conversation starter* de l'ère post-collapse !

L'homme ne chasse plus pour se nourrir depuis le néolithique. Pourtant, en cas d'effondrement des structures administratives, l'absence de contrôle des populations de sangliers, d'ours, de renards ou de loups conduirait à leur (véritable) augmentation exponentielle. Ce qui n'est PAS le cas aujourd'hui, contrairement aux arguments du lobby des chasseurs.

La chasse redeviendrait ainsi (après un temps plus ou moins long de renouvellement de la faune) un mode de régulation des populations d'animaux dévastateurs des cultures, prédateurs des élevages et, parfois, de l'homme. On peut aussi envisager de revenir à une chasse alimentaire, histoire de combler le manque de nourriture, si les conditions d'élevage s'avéraient mauvaises en raison de catastrophes climatiques ou de sécheresses.

Dans ces conditions, autant apprendre à chasser dès maintenant. Mais vaut-il mieux chasser au fusil ou à l'arc ? La question se pose, puisqu'en cas d'effondrement, vous pourriez rapidement vous retrouver à sec de munitions à poudre. Or, une flèche, ça se retrouve (même s'il faut la chercher longtemps) et ça se fabrique avec une belle branche, un bon couteau et une main aguerrie, à l'iroquoise.

AVANTAGE AU FLINGUE

Soyons clair : à moins d'être un tireur d'élite, l'arc n'est pas une arme de chasse efficace. Quand une bonne carabine atteint sa cible à 200 mètres, un arc (même équipé de poulies) n'est létal qu'à moins de 30 mètres.

Ensuite, tirer au fusil permet de toucher des animaux en mouvement... ce qui est quasiment impossible avec une flèche.

Pour info : la flèche file à 70 mètres/seconde, soit 10 fois plus lentement qu'une balle de carabine (qui peut dépasser les 900 m/s).

Certes, le chasseur à l'arc a un rapport à la nature bien plus profond que le tireur au fusil : afin d'approcher sa proie, il doit se fondre dans le paysage. Un art qui nécessite beaucoup d'habileté et de chance. Beaucoup plus que pour un chasseur doté d'une carabine à lunette longue portée. Cela va sans dire !

Bref, si votre but est de ramener du gibier à la maison, pariez sur la pétoire.

Alors, je sais bien… vous vous demandez s'il n'est pas plus respectueux de l'animal de le chasser « à la dure », comme un archer, plutôt que de l'abattre d'un méchant coup de fusil ? La réponse est non : car on tue beaucoup plus rapidement et proprement avec une balle qu'avec une flèche (j'ai dit balle, pas plombs).

Un archer qui rate le cœur, le foie ou le poumon de l'animal… laisse une bête mourir (voire pourrir) au fond des bois, s'il ne la retrouve pas. Tandis qu'une balle qui transperce une omoplate abat presque toujours l'animal sur l'instant.

POURQUOI SE PRIVER DE L'ARC ?

Mais pourquoi faudrait-il nécessairement que l'on choisisse ? Apprendre à tirer à l'arc peut s'avérer très utile, notamment si votre carabine se brise ou si les munitions viennent à manquer.

Il est d'ailleurs facile d'apprendre à tirer à l'arc : une arrière-cour et un filet de sécurité suffisent. L'arc est une arme résiliente, qui nécessite de connaître la nature et de se fondre dans le décor. C'est une école de l'humilité qui développe des qualités (patience, précision, lucidité) très utiles par ailleurs.

COMMENT S'ÉQUIPER ?
Quelques conseils pour les amateurs.

1- NON au fusil !

Ahhh, le bon vieux calibre 12/76 disponible partout et à bon prix ! Le magnifique fusil superposé, tout terrain, qu'on casse en deux pour changer les cartouches… Une belle connerie, oui ! Arrêtez de tirer sur les oiseaux ! Si vous aimez ça, braconnez-les ! Et puis, vous savez ce que font les plombs au sol qui l'absorbe ? Ou à la faune qui les avale et développe du saturnisme ? Hum ? Donc, laissez tomber, b*rdel !

Prêts pour l'effondrement

2- La carabine, pour le plus gros gibier : là, on peut discuter.

On peut tirer du gros gibier avec un fusil chargé en calibre 12, à une distance de 30 mètres... mais il est beaucoup plus efficace d'utiliser une carabine. Optez pour une carabine à verrou dotée d'une lunette de visée. Quant au calibre, préférez la polyvalence du 7.64 qui permet de tirer tout type de gibier. Et pour la crosse, rien ne vaut le plastique solide, léger et imputrescible – même si c'est moins classe que la ronce de noyer.

Et pourquoi pas une carabine à plomb sans permis de chasse ? En France, les armes de moins de 20 joules de puissance sont en vente libre. Mais, avec une portée de 50 m seulement, on se passera de ces joujoux de fête foraine qui ne sont pas d'une grande utilité. C'est *niet* camarade !

3-L'arc : je recommande un arc à poulies, plus simple d'utilisation.

Si l'idée même de tuer un animal sauvage, d'une flèche ou d'une balle, vous révulse, abandonnez ce chapitre pour aller à la cueillette des champignons, **PAGE 200**.

Si vous êtes plus pêcheur que chasseur, prenez votre panier et baladez-vous jusqu'à la **PAGE 195**.

Savoir pêcher sans y passer la journée

Finie la pêche contemplative, à poireauter des heures le cul mouillé ! Ici, on va vous apprendre à pêcher quand on a pas que ça à faire et qu'on a faim !

La pêche industrielle est une folie ou l'agonie silencieuse des océans

La plus grande menace immédiate qui pèse sur la planète n'est pas le réchauffement : c'est la mort des océans. Ce sont eux, les poumons de la planète. 93 % du CO^2 est piégé dans la végétation sous-marine. L'Amazonie brûle ? Ok, c'est grave. Mais si les fonds marins crèvent, c'est *game over*. Or, 99 % du mal est déjà fait. En 2048, les océans ne seront plus que des déserts invisibles.

Saviez-vous que les dauphins et les baleines étaient les abeilles des mers ? Et que leurs déplacements fertilisent le phytoplancton, à l'origine de 85 % de notre oxygène.

Vous pensez que vos sacs et pailles plastiques sont à l'origine du « vortex de déchets » qui s'est formé au large de la Californie ? Détrompez-vous : 46 % du plastoc qui pourrit les océans sont des filets de pêche abandonnés. Les pailles ? 0,03 % du total.

Vous croyez acheter du poisson « de qualité », en ne consommant que du labellisé bio et « pêche durable », MSC, « zéro dauphin blessé » ? Ben, désolé de vous apprendre que ces labels sont financés par l'industrie de la pêche et qu'aucun contrôle (ou presque) n'est réalisé sur place. Matez le docu Seaspiracy (2021), c'est *bluffant* !

Oui, la « pêche durable », c'est comme le développement durable : c'est un mythe, du marketing, du *greenwashing*, du *business*.

Et ne pensez pas vous rattraper sur les poissons d'élevage ! Ils sont nourris... de poissons sauvages ! C'est la sardine qui se mord la queue ! Pire, ils sont encagés dans de petits espaces, nagent dans leurs excréments, se blessent et se couvrent de bactéries, de poux des mers, de chlamydia, sont bourrés d'antibios et la moitié meurt avant d'être consommée.

Face à ce fléau, il n'existe qu'une seule solution : cesser de consommer du poisson pêché par des industriels et se contenter de poissons sauvages de rivières pêchés à la force de votre poignet !

Prêts pour l'effondrement

QUELLE TECHNIQUE ?

Pas question ici de monter sur un bateau pour partir à la pêche au gros ou au *surfcasting*, ni jouer à la pêche au posé, aux leurres ou à la mouche qui demandent du temps, de l'équipement, voire un véritable campement. Notre but : ne pas vous laisser rentrer bredouille et vous aider à choper du menu fretin au bord d'une rivière ou d'un lac.

Je recommande la pêche au coup (dite « au bouchon »)

Simple et tout-terrain, cette technique ancestrale est un jeu d'enfant. Elle permet d'attraper de petits poissons, du genre ablettes, gardons ou goujons.

QUEL ÉQUIPEMENT ?

Partons du principe que vous n'avez pas vraiment envie de vous trimbaler une canne à pêche de 3 mètres de long, mais que vous avez pensé à prendre une bobine de nylon d'une trentaine de mètres, enroulée autour d'une poignée (pour la pêche à la main), un bouchon, ainsi qu'émerillons, hameçons et petits plombs. *That's all folks* !

QUAND ALLER PÊCHER ?

Avant l'aurore ou juste après le crépuscule. Traduction pour ceux qui n'ont pas compris : tôt le matin ou en fin de journée.

OÙ ALLER PÊCHER ?

Pour trouver un bon spot, observez la nature. Les vols d'oiseaux près de l'eau vous indiquent la présence de leurs proies. Les objets flottants, comme une branche, sont nommés par les pêcheurs « *dispositifs de concentration de poissons* » (DCP). Ça veut dire... ce que ça veut dire. Notez aussi les turbulences dans l'eau, signes de la rencontre de courants : une zone propice à la prolifération de plancton et à la concentration de poissons.

Savoir pêcher sans y passer la journée

QUELS APPÂTS UTILISER ?

Du pain ! Associez des bouts de mie humide de moins d'1 cm avec des vers. Assurez-vous que le tout colle bien à l'hameçon. Si vous n'avez pas de pain sous la main, des bouts de petit poisson et des leurres à plumes ou en métaux brillants suffiront.

Conseil du pro : n'utilisez pas d'hameçon trop gros et cachez-le avec l'appât. Votre ligne doit être aussi fine que possible pour rester invisible aux yeux du poisson, sans quoi, il hésitera à s'emparer de l'appât. Bref, plus la ligne sera fine, plus elle sera pêchante.

Ne laissez pas traîner vos hameçons ! Ils peuvent provoquer de graves blessures : un hameçon planté dans un doigt ne ressortira pas par là où il est entré... Il faudra l'enfoncer davantage jusqu'à le faire ressortir de l'auuuuutre côté. Ce qui est très douloureux et vraiment dégueulasse. Donc, ne laissez pas traîner vos hameçons !

ÇA Y EST, LE BOUCHON S'ENFONCE !

Bravo ! C'est le moment de « ferrer » le poisson en donnant un coup de poignet sec. Ne le sortez pas tout de suite de l'eau : laissez-lui le temps de s'épuiser (d'où l'utilité de l'épuisette. Haaaaannn !). Récupérez et décrochez le poisson à la main (gare au hameçon) ou à l'aide d'un dégorgeoir.

Pêcher, c'est chiant. Ne vous découragez pas. La pêche c'est l'art de choisir le bon matos : ligne, hameçon, lests, appât, nœuds... à chaque poisson sa configuration. De véritables progrès ne peuvent donc être obtenus qu'à condition de sortir pêcher le plus souvent possible.

COMMENT ASSASSINER UN POISSON ?

En l'assommant (définitivement) avec un gourdin ou en le frappant à l'arrière de la tête sur une pierre, d'un coup sec.

Prêts pour l'effondrement

COMMENT VIDER UN POISSON ?

Ouvrez le ventre du poisson de la queue à la tête, chopez ses tripes entre deux doigts et éviscérez-le. Schlarrrck. Rincez l'intérieur du poisson à l'eau claire. Jetez les viscères, ou servez-vous-en comme appât. Ça y est, vous êtes digne des yakuzas.

Complétez la pêche à la ligne avec une nasse à poissons

Vous pouvez d'ores-et-déjà acheter une nasse lestée à poser au fond de l'eau pour récupérer du fretin et des poissons.

Vous pouvez aussi confectionner un piège artisanal avec une bouteille en plastique.

Comment faire ? Coupez la bouteille à 15 cm sous le goulot. Emboîtez la partie haute dans la partie basse, goulot vers le bas, pour créer un entonnoir. À l'intérieur, déposez un appât (du pain ou des pâtes). Le poisson entrera par le siphon mais ne pourra plus en sortir. Solidarisez bien les deux parties et accrochez une ficelle au piège pour le remonter.

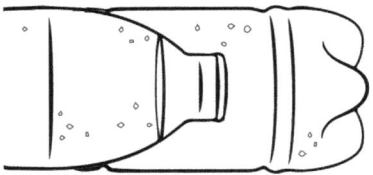

Maintenant, si vous pensez que ce n'est pas trop grave de faire souffrir des larves pour nourrir la planète, rdv **PAGE 206.**

Sinon, bifurquez vers la **PAGE SUIVANTE**.

Savoir pêcher sans y passer la journée

Prêts pour l'effondrement

La cueillette des champignons
Les 10 règles d'or

Pourquoi je ne vais pas illustrer ce chapitre. Vous vous attendez certainement à voir des croquis et dessins de champignons, histoire de visualiser ce de quoi je cause. Mais je ne le ferais pas. Pourquoi, eh bien je vais vous le dire, Monsieur Pujadas.

D'abord, parce que d'autres, bien meilleurs que moi, l'ont déjà fait. Je pense notamment à Guillaume Eyssartier dont je vous recommande les guides d'identification. Par contre, je vous déconseille les livres de photographes, souvent trompeurs. Ensuite, parce qu'on ne reconnaît pas un champignon à son aspect, mais aux <u>clés dichotomiques</u>.

Ces clés sont aux champis ce que les symptômes sont aux maladies : une série de caractères (chapeau, pied, texture, odeur, couleur, lames, tubes...) dont la présence permet de distinguer un champignon d'un autre.

Car, n'oubliez pas que rien ne ressemble à un champignon comestible... qu'un champignon vénéneux.

Partir en forêt en quête de champignons est une activité aussi utile qu'agréable.

En effet, le champignon est une excellente source de fibres et de protéines végétales de qualité. Même si certains ont le petit défaut de vous tuer (ou presque).

Autre avantage : ils poussent partout ! Du sommet des montagnes aux fonds des fosses septiques. Miam.

On en compte 120 000 espèces dans le monde, dont 30 000 en France. Savoir distinguer les champis comestibles des mortels est un art qui ne s'improvise pas !

Voici donc 10 précieux conseils qui vous éviteront de rentrer bredouille ou, pire, de vous intoxiquer.

La cueillette des champignons

Règle n°1 : adaptez vos recherches à la saison

AUTOMNE	PRINTEMPS	ETE	HIVER
Lactaires, russules, Girolles, Cèpes de Bordeaux, Pieds-bleus	Morilles, Entolome en bouclier, Tricholome de la St-Georges	Girolles, Cèpes d'été, Cèpes bronzé, Oronge	Truffe noire

Règle n°2 : étudiez les arbres sous lesquels poussent les champignons

Les guides vous permettront de savoir quels champignons affectionnent le bouleau ou le châtaignier, le chêne ou le hêtre, le noisetier ou le peuplier...

Règle n°3 : n'écoutez pas les légendes locales

Non, les cycles lunaires n'influencent pas la croissance des champignons : c'est un mythe débunké par de nombreuses études scientifiques.

Non, ce n'est pas parce qu'un type de champignon a été mangé par un animal qu'il est comestible : certains champignons mortels pour l'homme ne le sont pas pour les animaux sauvages.

Non, les oignons ou les pièces de monnaie ne brunissent pas en présence de champignons dangereux. Ne vous fiez jamais à ce genre de méthode de tri !

Ne pas se fier non plus aux noms locaux qui portent à confusion, comme « petit-gris » qui peut désigner des champignons comestibles ou mortels, selon la région !

Règle n°4 : vous avez le droit de goûter !

Croquer un petit bout de champignon avant de le recracher n'a strictement rien de dangereux... même s'il est mortel !

Oui, vous pouvez cueillir les champignons avec les doigts et vous les lécher ensuite ! Pas de problème ! Arrêtez donc de hurler « ne toucheuuu paaaas !!! » à vos enfants durant la cueillette, ça dérange les oiseaux.

Règle n°5 : reconnaître les champignons toxiques, voire mortels

Vous devez maîtriser les caractéristiques des Amanites (phalloïde, printanière, tue-mouche, panthère, vireuse), de la Lépiote Brun-rose, de la Galère Marginée, des Cortinaires, de l'Entolome livide, de cet enfoiré de Faux-clitocybe lumineux, des Mycènes et du Bolet Satan. Derrière cet inventaire poétique, se cache, parfois, la mort.

Règle n°6 : reconnaître les champignons comestibles

Apprenez à reconnaître les Cèpes (de Bordeaux, d'été, bronzé, pins), les Bolets bai ou à pied rouge, les Agarics, l'Oronge, le Lactaire délicieux, les fabuleuses Morilles, magnifiques Chanterelles et autres Girolles formidables.

Attention, certains champignons comestibles ressemblent à s'y méprendre aux champignons mortels. C'est le cas des Agarics, jumeau des Amanites, de l'Oronge avec l'Amanite tue-mouche, des Girolles et du Faux-clitocybe lumineux, du Meunier et du clitocybe blanc... Pour ne pas vous faire avoir, munissez-vous d'un guide d'identification écrit par des mycologues professionnels avec des dessins/photos de qualité.

Règle n°7 : apprenez l'art de la cueillette avec un sachant

Parlez avec vos voisins, aux vieux du coin... Ils vous confieront (peut-être) leurs secrets, si vous êtes gentils. Ils vous expliqueront pourquoi il faut éviter les bords des champs, routes, habitations ou des centrales nucléaires : le sol y est pollué et les champignons gorgés de métaux lourds, de pesticides et de radioactivité.

Leur œil aiguisé vous enseignera la cueillette des champignons mieux qu'aucun livre, ni aucune vidéo Youtube. Ils vous montreront comment récolter les champignons entiers, à l'aide d'un couteau

La cueillette des champignons

aiguisé, sans couper le pied et en les déterrant entièrement. Cela n'empêche pas la repousse puisque l'essentiel (le mycélium, ses « racines ») sont sous-terre. Partez avec eux repérer les bons coins.

Ne déposez jamais les champignons dans des sacs plastiques : ils pourriraient. Privilégiez un panier en osier !

Règle n°8 : prendre ses précautions avant de les déguster

Avant de manger des champignons, prenez soin d'en conserver une petite partie au frais. Si vous êtes victime d'une intoxication, connaître le coupable aidera le médecin à orienter son diagnostic.

Règle n°9 : reconnaître les symptômes d'une intoxication

-Les douleurs surviennent moins de 2 heures après l'ingestion : intoxication probablement bénigne.
-Les douleurs surviennent environ 6 heures après l'ingestion : intoxication probablement grave.

Symptômes fréquents : sudation importante, maux de ventre et hépatite aiguë, voire mortelle (souvent lié à l'Amanite Phalloïde). En cas de signes d'empoisonnement, rendez-vous aux Urgences ou dans un centre anti-poison. En attendant, buvez beaucoup d'eau pour vous réhydrater et protéger votre foie et vos reins.

Règle n°10 : savoir conserver les champignons

Les champignons peuvent se conserver dans des terrines, en saumure ou séchés. Pour connaître les bases de ces méthodes de conservation, rendez-vous **PAGE 180**.

Si, cette histoire d'intoxication vous a rappelé que vous n'y connaissez strictement rien en soins, ni même en premiers secours... filez **PAGE 219** avant qu'un malheur n'arrive !

Pour vous exercer l'œil dès à présent, n'hésitez pas à cueillir des champignons que vous présenterez à votre pharmacien (tant qu'il y en a un dans le coin). Les identifier est une de ses prérogatives !

Prêts pour l'effondrement

Veau, vache, cochon, couvée...
À chacun sa fonction !

Le collapsonaute, ce fermier néo-rural, aura grandement besoin du coup de patte de quelques quadrupèdes costauds et patients. À moins que nous les ayons tous exterminés avant...

ARRÊTEZ DE MANGER VOS COLLÈGUES !

Pourquoi tuer une poule qui, chaque matin, vous offre ses œufs ? Pourquoi tuer une vache qui vous offre son lait ? Pourquoi tuer l'ami qui tire votre charrette ? Vous préférez être un *carniste* mort ou un végétarien en vie ? À vous de choisir !

Les besoins des animaux de ferme sont simples : un pré pour se nourrir et gambader, un abri pour se réchauffer, du foin pour le goût, et beaucoup d'amouuuur. Avec le temps, vous oublierez la vision « spéciste » des animaux, selon laquelle l'Homme leur serait supérieur en toute chose. Les poules, par exemple, sont plus susceptibles de reconnaître les visages que la majorité des humains. Eh ouais !

À CHACUN SON RÔLE
ET LES VACHES SERONT BIEN GARDÉES !

Ânes et chevaux seront affectés au tractage et au transport. En plus, leur crottin (une fois séché) est un véritable « or brun ».

Les b**ovins** tirent de lourdes charges, font tourner des moulins, donnent du lait mais polluent et doivent être élevés en petit nombre.

Les **moutons** donnent la laine mais boivent 6 L d'eau par jour !

Les **chèvres et brebis** sont des composteurs sur pattes (tout comme les poules et les porcs) et donnent un lait bien plus digeste pour l'homme que celui des vaches.

Les **porcs, lapins** et **cochons-d'indes** sont les seuls animaux que l'on élève pour la bouffe. Dans les campagnes, le moment de tuer le cochon a longtemps été une grande fête... car ce jour-là, on graillait de la viannnnndeuuu ! Ça changeait des châtaignes !

Les **volailles** pondent de magnifiques futures omelettes, mais vous protègent aussi, comme les oies, qui peuvent donner l'alarme.

Veau, vache, cochon, couvée...

MINI GUIDE DU POULAILLER HEUREUX

Commencez avec 2 poules fécondées. Cela vous évite d'avoir un coq, d'en subir le chant et de vous retrouver avec un cheptel en quelques semaines.

Réservez-leur une niche équipée d'un abreuvoir et un espace clôturé d'au moins 20 m². Posez du grillage à 50 cm sous le sol, pour éviter que les prédateurs ne creusent pour entrer. Gare au renard rusé qui fait sa loi !

Nourrissez vos poules 2 fois par jour, à heure fixe.

Le conseil du véto : évitez de leur faire manger des pommes de terre, tomates, aubergines, oignons, avocats, peaux d'agrumes, de banane ou de kiwi, marc de café ou thé... tout ceci contient des substances toxiques pour ces bestioles. Privilégiez les restes de salade, le pain mouillé, les coquilles d'œuf broyées, les croûtes de fromage et les graines de céréales. Une poule mange environ 100 à 160 grammes de graines par jour. Le mélange idéal à distribuer quotidiennement contiendrait 50 % de blé, 30 % de maïs et 20 % de légumineuses.

Enfin, veillez à nettoyer le poulailler tous les 2 jours. Eh oui, c'est du boulot ! Nettoyez la mangeoire, l'abreuvoir, les nichoirs et les pondoirs. Prenez garde à l'humidité, cause de champignons, moisissures et maladies.

Chaque semaine, remplacez la litière sur 3 cm d'épaisseur avec un mélange de paille, herbe tondue, copeau de bois ou de vieux journaux. Puis, balancez-y quelques poignées de terre de Sommières, un antiparasitaire naturel ultra-efficace (même pour nous, les humains !). La litière « sale » sera recyclée en engrais pour le jardin.

Enfin, n'oubliez pas de faire le grand ménage 2 fois par an !

Plan de poulailler sur pilotis, Food and Agriculture Organization (F.A.O) de l'O.N.U

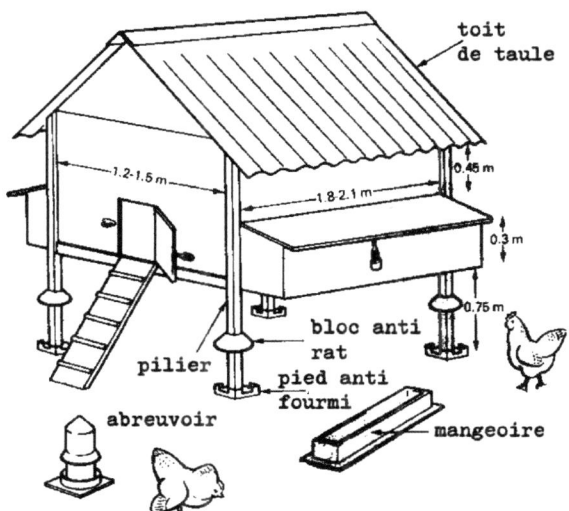

Prêts pour l'effondrement

Élever et cuisiner des insectes comestibles

Sachant que la population mondiale atteindra, selon l'ONU, les 8,5 milliards d'individus d'ici à 2030, la consommation d'insectes pourrait devenir LA tendance gourmande du futur.

NE FAITES DONC PAS LA GRIMACE !

Durant l'antiquité, Grecs et Romains se délectaient de cigales et de larves de scarabées. Aujourd'hui, criquets, grillons et vers de farine font partie de la cuisine quotidienne des Thaïlandais, Cambodgiens, Colombiens, Ougandais, Burkinabés… et de 2,5 milliards d'humains entomophages.

En plus de leur petit goût de noisette, les insectes sont riches en protéines nutritives de qualité, ainsi qu'en oméga 3 et 6, en minéraux et en vitamines B1, B2 et B12.

Hier, vous étiez des bouffeurs de graines, demain, vous serez des dégustateurs de vers !

Selon la FAO, l'élevage d'insectes est la seule alternative crédible pour augmenter la quantité de protéines produites sans épuiser les ressources en eau, ni les sols dans l'élevage de bovins et ovins, ou la production de soja et autres légumineuses.

De plus, l'élevage d'insectes est une activité à la fois zéro déchet et D.I.Y : ils se nourrissent de déchets organiques et peuvent être élevés dans votre cuisine, pour le plus grand bonheur de vos enfants qui s'amuseront à leur donner des noms improbables comme Lombricoman ou Craquemoule.

ÉLEVONS NOS VERS !

L'insecte le plus facile à produire soi-même est le ver de farine. C'est d'ailleurs l'espèce la plus commandée en Europe. L'entreprise Livin Farm a créé, en 2016, *The Hive*, la première ruche d'élevage de vers de farine dans sa cuisine.

Son principe est un peu celui des « vases communicants » : sur le plus haut plateau, on commence par déposer des chrysalides de ténébrion meunier (une sorte de scarabée, livrés avec la ruche). Les coléoptères vont grandir jusqu'à se reproduire. Leurs œufs basculent alors dans le bac du dessous et deviennent des larves : les vers de farine. Nourris d'épluchures, ils vont croître au fur et à mesure, descendant de plateau en plateau, grâce à des systèmes de grilles. Une fois matures (3 cm), vous pourrez en récolter jusqu'à 500 grammes par semaine, en prenant soin de conserver certaines chrysalides pour recommencer le processus, à l'infini. Quant aux autres : direction la poêle à frire !

...ou élevons nos grillons ? Si vous aimez le chant estival des cigales, l'élevage de grillons est une belle façon d'en profiter toute l'année (sinon, vous pouvez toujours installer votre élevage à la cave). Pour les plus motivés, on recommande le livre de Jeanne et Jacques Dournaud, intitulé Réaliser des petits élevages... par contre il date de 1993 et reste assez rare (faut savoir que ce genre de bouquin ne se vend pas aussi bien qu'un Marc Levy).

---

3 RECETTES PAS PIQUÉES DES HANNETONS

Avant de vous lancer dans la préparation d'un tzatziki de fourmis tisserandes, d'un riz cantonais aux vers, de sucettes de scorpion à l'orange ou de criquets caramélisés goût spéculoos, voici quelques recettes simples pour démarrer.

En apéro : enfourner des grillons saupoudrés d'herbes de Provence. Cuire 10 min à feu moyen. Après cuisson : saler, laisser refroidir et servir à la place des chips. Ça croustiiiiillle.

En parmentier : mixer des grillons en purée. Dans un plat à gratin, cumuler des couches successives de purée de pommes de terre et de purée de grillons. Saupoudrer de fromage râpé et d'herbes de Provence. Enfourner comme un gratin.

En paella : dans une paella traditionnelle, remplacer les crevettes par des grillons frits et salés. Au fait, si vous mangez des crevettes, vous mangez déjà des insectes (marins) !

En ratatouille : dans une casserole, faire bouillir des insectes dans un fond d'eau jusqu'à obtenir une purée. Mélangez ce brouet avec une ratatouille de tomates, oignons, poivrons, courgettes et aubergines.

Prêts pour l'effondrement

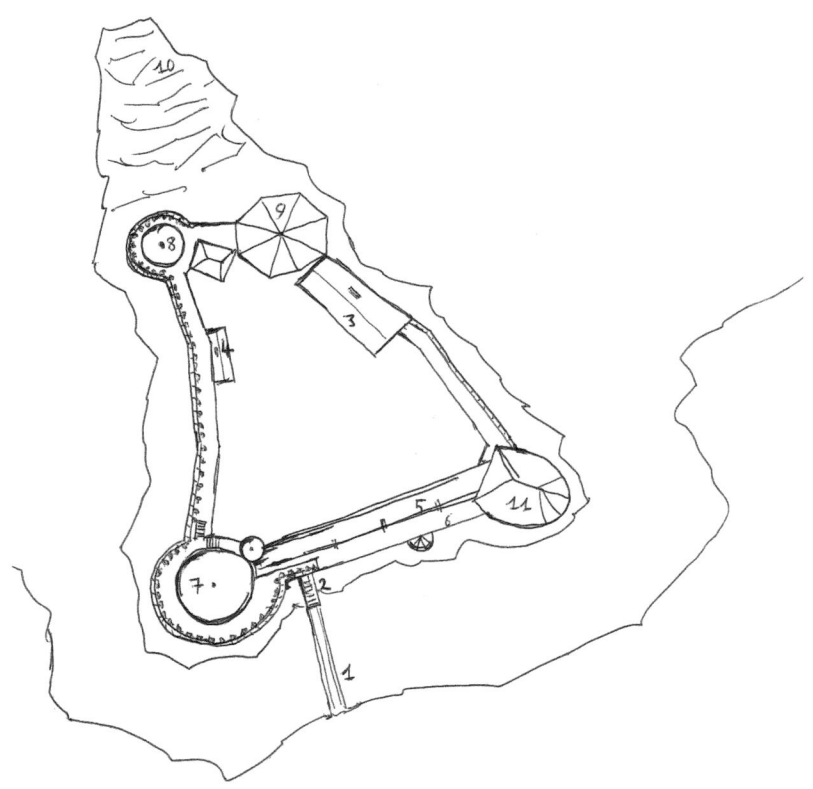

LA SÉCURITÉ

Protéger sa base autonome et durable
Welcome dans la *gated community* !

Squatteurs en quête d'un abri les-pieds-sous-la-table, cambrioleurs qui en veulent à vos réserves de haricots lactofermentés, vendeurs de bibles en costumes mal taillés... beaucoup de monde risque de convoiter votre base autonome ou ce qu'elle abrite. Vous avez donc tout intérêt à anticiper, voire à ériger un beautiful great wall *autour de votre communauté ! Je sais, ce n'est pas très inclusif comme démarche. Mais, comme disait Confucius, il faut « se préparer au pire, espérer le meilleur, prendre ce qui vient ».*

YOU SHALL NOT PASS !

Non, les monstres sont pas gentils : c'est la vie, pas le paradis. Certains quartiers de Paris comptent déjà un cambriolage toutes les 4 minutes. Imaginez ce qui pourrait se passer en cas de pénurie alimentaire ou d'essence... ! Alors oui, la solidarité, la résilience collective, l'entraide, tout ça, tout ça.

Les philosophes antiques, tel Héraclite, et les modernes, dont Hegel, Thomas Hobbes et René Girard, ainsi que les sociologues Durkheim et Weber, ont démontré, tour à tour, que la violence était au cœur de la nature humaine. Pourquoi ? Parce que « le désir humain est mimétique ». Autrement dit : on passe notre temps à désirer les mêmes choses, à jalouser l'autre et à le combattre.

Oui, je viens de résumer un pan entier de touuuuuute l'histoire de la pensée humaine en 16 mots. Et alors ? On a l'esprit de synthèse ou on l'a pas. C'est tout.

Un monde sans violence est une illusion romantique. Il faut l'accepter.

Pour autant, une forme de paix est possible. Une paix qui n'est pas la fin de la violence... mais plutôt l'acceptation d'un certain degré de violence. L'acceptation de se soumettre de à un groupe qui « détient » la violence.

Protéger sa base autonome et durable

Aujourd'hui, ce groupe s'appelle l'État. Il aura certainement d'autres noms dans le monde d'après, mais toujours la même fonction. En échange de la sécurité, nous lui donnerons une partie de notre liberté. Nous lui confierons le « monopole de la violence légitime », selon les mots de Max Weber.

Ce transfert de la violence, est un choix. C'est une « servitude volontaire ». Ce choix est réalisé à travers des instances politiques où nous exprimons notre souhait de confier la violence à « l'État », afin qu'il limite celle qui nous habite...

Concrètement : l'impôt est un *Tribut* organisé et accepté. La prison est une forme acceptée et organisée de punition. Et quand les flics et les militaires nous surveillent, nous matraquent, nous arrêtent, ce doit être dans l'intérêt général et au nom de l'ordre public. Un système politique sain peut permettre de construire une société apaisée.

Oui mais que faire si l'État s'effondre ? Que faire face à la faillite de la police, de la justice et de l'armée... comme aujourd'hui en Somalie, en Afghanistan ou même au Liban ? Que faire en attendant que l'on construise les institutions qui viendront les remplacer ?

IL FAUDRA GARDER L'ŒIL OUVERT ET LE BON !

Nier que la société post-effondrement comptera son lot de violences et de crimes relève de l'aveuglement. Pour autant, pas de panique : gardez juste à l'esprit que, contrairement à vous, certains n'ont ni peur du grand méchant loup, ni des gendarmes.

Alors, soyez prêts à affronter toutes sortes de dangers extérieurs et à vous prémunir contre les actes malveillants. Une préparation qui s'avère d'autant plus importante qu'il n'existera probablement plus d'assurance capable de réparer le pillage de votre réserve de pommes de terre ou le vol de votre magnifique vélo-tandem électrique.

Surveiller et punir en temps d'effondrement : sacrée question qui exige un véritable travail à la fois socio-ethnologique, historique et philosophique. Oui, mais voilà, n'est pas Michel Foucault qui veut ! Alors, je laisse à d'autres le soin d'écrire ce pavé !

JAMAIS SANS MA *GATED COMMUNITY*

Je pose ça là : non, l'option « dégommer les rôdeurs au fusil à lunette » ne fait pas partie de ma vision du futur. Voilà, ça va mieux en le disant.

Cela dit, que faire si l'on se trouve à la campagne, dans un lieu relativement isolé au beau milieu des champs, ou à proximité d'une forêt ? Difficile de protéger plusieurs milliers de kilomètres carrés de propriété... à moins de les cerner de remparts ou de tranchées.

C'est le principe de la *gated community* : une version moderne de la bonne vieille cité fortifiée, au sein de laquelle l'ensemble de votre éco-hameau pourrait trouver refuge contre les dangers extérieurs.

Avant de proposer une telle construction aux membres de votre communauté résiliente, je vous conseille de tracer, sur une carte, des fortifications/tranchées dont le périmètre ne dépassera pas les 10 km, permettant à un groupe de sentinelles d'assurer leur tour de garde en 2 heures de marche (à une vitesse moyenne de 5 km/h), afin d'organiser 4 rondes par journée, sans interruption. Bon, là, maintenant, ça vous semble un peu violent. Mais ne soyez ni parano, ni bisounoursien.

Dans votre *design*, jouez sur les obstacles naturels au gré de la configuration du terrain (cours d'eau, formations rocheuses...), prévoyez des fossés ou des douves : il est plus facile de creuser que de construire un mur.

On peut aussi poser des barrières ou des grilles de 3 mètres de haut, le long desquelles vous aménagerez des tours de gué et des portes gardées à chaque grand axe de passage.

Vauban, *the best* : en matière de fortifications, le master reste le comte de Vauban qui fortifia la France au XVIIe siècle. Inspirez-vous de son « troisième système » en étoile, aboutissement de décennies d'expérience militaire et utilisé pour la construction du bastion alsacien de Neuf-Brisach.

6 ASTUCES POUR PROTÉGER VOTRE HAMEAU

En complément des palissades (plus ou moins solides) qui cerneront votre village, je vous recommande d'appliquer ces quelques conseils simples et universels.

1-Surveillez les buissons ou bosquets d'alentour qui pourraient permettre aux vilains de se cacher pour vous observer.

2-Votre meilleure alarme, c'est un chien (ou une oie). Pas besoin d'un molosse capable de broyer la carrosserie d'un tank : un roquet nerveux suffira amplement à donner l'alerte (le molosse reste tout de même une option intéressante, vu qu'il peut faire alarme et videur pour le même prix).

3-N'hésitez pas à faire pousser une barrière végétale de plantes « agressives » autour de votre propriété. Bougainvilliers, houx, rosiers et cactus peuvent contribuer à rebuter les cambrioleurs (à moins qu'ils n'aient pensé à venir avec un sécateur...).

4-Installer une pancarte du genre : « Attention maison piégée, chiens méchants », vaut parfois toutes les alarmes du monde. Vous pouvez aussi poser un crâne humain sur une pique, juste à côté de la porte.

5-S'il vous plaît : ne piégez pas votre propriété pour de vrai ! Les pièges se retourneront toujours contre vous, vos animaux ou vos enfants ! Optez plutôt pour des alarmes autonomes (clochette à la porte du jardin, bidules à détecteurs de mouvement de type grenouilles décoratives ou nains de jardin flippants...).

6-Compliquez l'accès à votre domicile avec de hautes barrières ou des grilles en fer forgé de 3 mètres de haut... Mais tout le monde n'a pas les moyens du château de Versailles.

Malheureusement, une fois que les voleurs sont entrés, c'est *game over*. Inutile de placer des verrous partout : vous ne ferez que pointer les lieux stratégiques à vos cambrioleurs. À moins que vous n'en posiez volontairement sur des portes qui n'abritent rien d'important, histoire de détourner leur attention. Petits malins !

Prêts pour l'effondrement

Faudra-t-il se balader avec un flingue à la ceinture 24h/24, façon Walker Texas Ranger ?

En cas d'attaque, vous n'aurez peut-être pas le temps de courir prévenir les autres et récupérer votre carabine, votre arc ou votre sarbacane... Mais est-il pour autant malin de trimballer un Colt à sa ceinture toute la journée ? Évidemment, non !

D'abord, une arme à feu n'est pas un joujou : c'est un instrument de mort. Et "vivre" avec un instrument de mort contre soi n'est pas très bon pour le moral. Ensuite, un accident est vite arrivé. Une dispute, une crise de nerf, un gamin qui joue avec, alors que vous l'aviez posé quelques instants... Enfin, les armes à feu modernes sont des objets sensibles et fragiles : une chute, un coup de pelle malencontreux et le voilà cassé ! Quel dommage !

Pour autant, avoir une arme à portée de main peut s'avérer très utile. Je me souviens avoir croisé la route d'un Doberman errant, un après-midi, dans un jardin public. Cette expérience assez angoissante m'a inspiré deux réflexions. D'abord, il est fort probable qu'en cas de pénuries alimentaires, les propriétaires de gros chiens ne soient plus en mesure de les nourrir et les abandonnent quelque part, comme des milliers de vacanciers le font déjà chaque été. Dans ce cas ma mésaventure d'un jour deviendrai monnaie courante. Ensuite, je me suis senti bêta de n'avoir aucun moyen de me défendre face à un molosse menaçant.

Après mûre réflexion, j'en suis venu à la conclusion que le meilleur compromis était de se balader avec une machette, un piolet ou une hachette de 35 cm, arrimée à la ceinture. Elles sont multifonctions. Avec, on taille un arbre, on creuse une tranchée pour semer, on coupe une pomme pour le goûter, on enfonce un clou. C'est donc un très bon plan. Et, au cas où vous seriez confrontés à un agresseur, brandir le *tomahawk* pourrait vous sauver la vie.
Deux conseils, avant de clore ce topo. Primo, apprenez à lancer votre hachette, ça peut servir et c'est fun. Deuxio, la nuit, posez-la sur un clou, à portée de main. Par contre, ne lui donnez pas de nom, genre Isildur ou Excalibur. Ça fait un peu couillon.
Bref, je suis plus Ragnar Lothbrock que Chuck Norris.

Protéger sa base autonome et durable

Illustration par Bakunetsu Kaito du Noun Project

Sécuriser son domicile en zone urbaine hostile
La tactique des 6 barrières

« *Protections must be provided before, not after, the siren sounds.* »[13]

Avertissement : il ne s'agit pas ici de dissuader de simples cambrioleurs, mais de vous préserver de prédateurs dans une zone urbaine devenue hostile. Les conseils qui suivent ne sont valables qu'en situation de survie, où l'État de droit a cédé la place à la loi du plus fort. Je ne suis pas responsable de toutes vos couillonnades !

1ÈRE BARRIÈRE : LA PORTE DE VOTRE IMMEUBLE

Posez-vous une question simple : peut-elle résister à une ouverture au pied de biche ?

Ne soyez pas parano : soyez solidaire ! Vos voisins sont vos amis. En cas de crise, ils deviendront une ressource précieuse, voire indispensable, pour assurer la continuité de la vie. Ils représentent le noyau dur de votre communauté résiliente. Alors commencez, dès à présent, à lier des liens avec eux.

2ÈME BARRIÈRE : LA CAGE D'ESCALIER

Installez une pancarte : « *Attention : escalier piégé, nous sommes armés, chats méchants* », vaut parfois toutes les alarmes du monde. Vous pouvez aussi poser un crâne humain sur une pique, juste à côté de la boîte aux lettres.

---

[13] « Les défenses doivent être opérationnelles avant que la sirène ne sonne, pas après. » extrait de *The family fallout shelter*, 1959. Une publication mythique de *l'Office of Civil and Defence* américain datant de la guerre froide. Il fournit les plans et procédés de construction d'un abri anti-atomique en cas d'attaque nucléaire.

Sécuriser son domicile en zone urbaine hostile

3ÈME BARRIÈRE : VOTRE PORTE D'ENTRÉE

L'avantage d'un appartement, c'est qu'une fois les volets clos, il n'y a qu'une façon d'entrer : la porte. La vôtre est-elle blindée à serrure 3 points, avec encadrement renforcé, cornières anti-pinces, entrebâilleur et barre transversale d'acier zingué ? Si oui, bravo !

Sinon... :(

4ÈME BARRIÈRE : LA NO-PANIC ROOM

En cas d'intrusion, retranchez-vous dans le coin d'une chambre de votre appartement, face à la porte et attendez la suite.

5ÈME BARRIÈRE : LA TECHNIQUE DU PANIER GARNI

Le meilleur moyen de vous débarrasser d'un voleur est parfois de lui donner ce qu'il veut. Conservez un joli panier garni de produits de première nécessité (eau, nourriture, médocs...) à proximité de votre porte, bien en vue. Votre assaillant repérera le « trésor », pensera avoir touché le jackpot et songera à partir. À moins que...

6ÈME BARRIÈRE : ALLER AU CONTACT

Vous êtes désormais le dernier rempart entre l'assaillant et votre famille. Que voulez-vous faire ? Vous choisissez d'engager la conversation avec votre visiteur ? Dirigez-vous **PAGE 248.**

Si vous préférez engager le combat... je ne réponds plus de rien !

Prêts pour l'effondrement

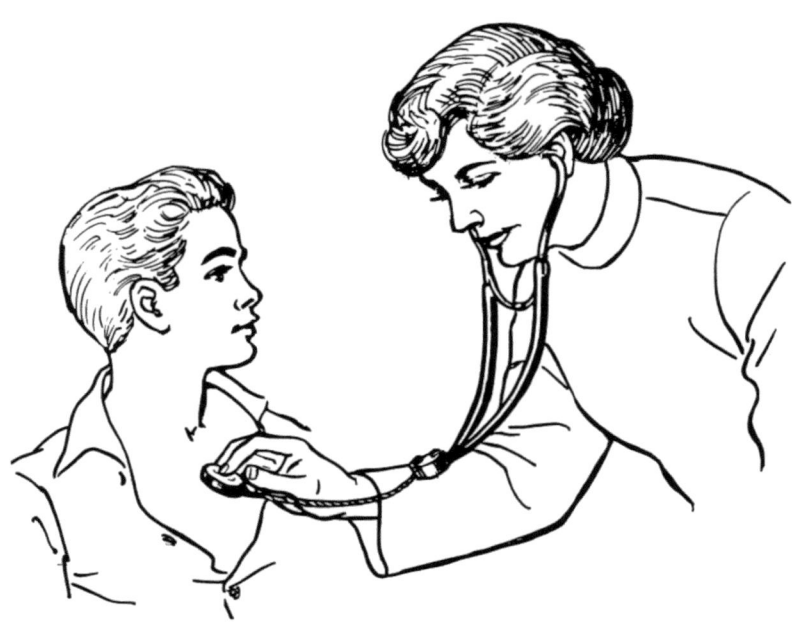

LA SANTÉ

Symptômes et soins des maladies les plus courantes

Ce chapitre réunit les 8 maladies statistiquement les plus courantes à l'heure actuelle, avec leurs symptômes, remèdes modernes et anciens, tirés de recherches auprès de médecins et de praticiens de la médecine chinoise et de l'herboristerie.

Rappel : je ne me substitue pas à l'avis d'un professionnel de santé. En cas de doute, si les symptômes persistent ou s'aggravent, consultez !

En complément, je vous recommande la lecture de ces bouquins :

-***Secourir en zone hostile :*** *se traiter ou traiter efficacement un blessé*, Joël Schuermans, 2019
Un manuel de médecine survivaliste accessible à tous. Toute l'expérience d'un « medic volatile » en quelques pages.

-***Là ou il n'y a pas de docteur***, David Werner, 1987
La bible du villageois paumé, loin de tout : une aide au diagnostic et aux soins de base. Un plaidoyer pour une alimentation saine, une hygiène réelle, la vaccination des enfants...

-***Les gestes de médecine d'urgence sans matériel***, P.Ecalard, 2007
Simple, concis, pratique, il décrit 100 gestes de médecine d'urgence à réaliser sans matos. Pour chacun, une mise en situation pose le cadre et facilite la compréhension. Un incontournable.

-***Remèdes Anciens***, par le Collectif de personnes âgées du Centre d'alphabétisation *'Moi, j'apprends'* de l'Ontario, 1994
50 recettes racontées de façon un peu folklo et pleine de patois, avec quelques anecdotes et un peu de sagesse populaire québécoise.

Symptômes et soins

APAISER LES MAUX COURANTS

Angine
(80 % sont virales. 20 % sont bactériennes et exigent des antibiotiques)

Il existe un Test de diagnostic rapide (TDR) de l'angine, fiable à plus de 90 %, disponible en pharmacie : un prélèvement dans la gorge permet de distinguer s'il s'agit d'une infection virale ou bactérienne. Il serait utile d'en stocker un grand nombre, au cas où.

-Symptômes : maux de gorge intenses, amygdales enflées et rouges, dépôts blancs ou jaunes sur les amygdales, ganglions sensibles, maux de tête, frisson, fièvre supérieure à 39°C, courbatures.

-Remèdes : en cas d'origine bactérienne, il est souvent administré des antibiotiques, afin de prévenir certaines complications comme le rhumatisme articulaire aigu et l'abcès périamygdalien. Cependant, leur prévention ne constitue plus une indication de prescription des antibiotiques.

Sont recommandés : gargarismes d'eau tiède avec sel, miel et citron. Tisanes de ronce, aigremoine, plantain ou thym. Inhalations d'huile essentielle de thym. Repos. Ingérer des antibiotiques naturels : huile essentielle d'origan, ail, curcuma …

-Complications : abcès pharyngé, otite, sinusite, fièvre rhumatismale (inflammation des articulations pouvant atteindre le cœur, traitable avec des antibiotiques), glomérulonéphrite (inflammation du rein traitable par antibiotiques).

Coup de chaleur

-Symptômes : soif intense, vertiges, forte fièvre (41°C), somnolence, crampes, vomissements, vision floue, respiration rapide, confusion.

-Remèdes : installer la personne à l'ombre, l'hydrater d'eau froide ou la placer en position latérale de sécurité si elle se trouve inconsciente.

-Complications : perte de connaissance éventuelle suivie d'un coma.

Rhume
(rhinopharyngite)

-Symptômes : mal de gorge temporaire, légers maux de tête, éternuements, écoulement nasal clair, faible fièvre, parfois une fatigue.

-Remèdes : inhalations à l'huile essentielle de saro, 2 gouttes d'huile essentielle d'eucalyptus diluées dans une huile végétale et étalées sur le thorax, tisane thym-cannelle. Repos.

-Complications : après 7 jours, toux, fièvre supérieure à 39°C, frissons, sueurs, maux de tête intenses, sécrétions nasales épaisses. Otite, conjonctivite, sinusite.

Gastro-entérite virale

Les cas de gastro-entérite non virale (bactérienne) sont très rares et coïncident souvent avec des toxi-infections à la bactérie E.coli.

-Symptômes : survenue brutale de crampes abdominales, nausées, vomissements, diarrhée, fièvre à 38°C, faiblesse. Dure moins de trois jours.

-Remèdes : une cuillère d'argile verte dans un verre d'eau tiède (anti-diarrhéique). Ou 2 cuillères de charbon dans un verre d'eau. Ou tisane de baies de myrtille séchées. Ou un verre d'eau de cuisson du riz blanc. Tisane de gingembre frais (anti-vomitif).

-Complications : diarrhée de plus de 3 jours (origine bactérienne ?). Déshydratation (sécheresse buccale, urine foncée, crampes musculaires, faiblesse, yeux creux).

Le reco du Doc : toujours avoir un thermomètre à mercure à portée de la main. Précis, fiable, *low-tech*.

Sinusite

-Symptômes : sensation douloureuse de pression au-dessus des sourcils, au nez, joues et derrière les yeux. Sensation d'étau. Sécrétions nasales. Fièvre légère. Parfois perte d'odorat.

-Remèdes : lavage de nez à l'eau salée (9 g de sel / litre d'eau) avec une lotte nasale, aussi appelée lota. Inhalation d'huile essentielle d'eucalyptus. Digitopuncture : automassage par pression des doigts durant 2 minutes sur les zones du visage précisées sur le schéma.

-Complications : mauvaise haleine, maux de tête, toux.

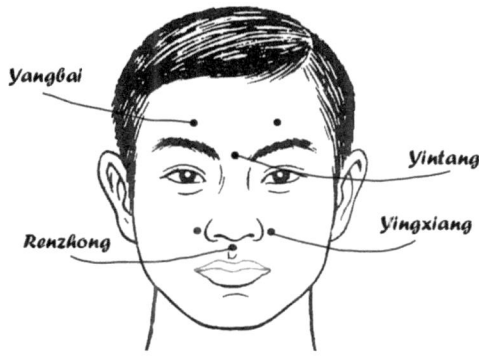

Tiré de la revue La Chine en construction, *1989*

Otite

-Symptômes : douleur pulsatile qui peut irradier jusqu'au front. Sensation d'oreille bouchée. Vertiges. Après guérison de l'infection, il peut persister un épanchement derrière le tympan qui favorise la récidive de l'otite. Cet épanchement peut exercer une forte pression sur le tympan et provoquer une douleur intense et une perforation avec écoulement de pus.

-Remèdes : 2 à 3 gouttes d'eau tiède dans l'oreille affectée, en penchant sa tête sur le côté 2 minutes. 3 gouttes de jus d'ail cuit. Poser un demi oignon frais sur l'oreille malade pendant 10 minutes.

-Complications : otite chronique, méningite, labyrinthite, mastoïdite.

Conjonctivite

Elle peut être virale, bactérienne ou allergique.

-Symptômes : œil rouge, vision brouillée, démangeaison des 2 yeux (allergie) et écoulement clair (virus). En général, la conjonctivite bactérienne n'affecte qu'un seul œil, avec sensation de grain de sable et paupières collées au réveil par du pus.
-Remèdes : gel d'aloe vera autour de l'œil et de la paupière. Pomme de terre crue râpée, enveloppée dans un tissu fin posé sur l'œil pendant 5 minutes. Compresse imbibée d'infusion de camomille froide, posée sur l'œil pendant 10 minutes.
-Complications : inflammation de la cornée.

Grippe

La grippe est une maladie virale. Le malade est contagieux jusqu'à 5 jours après le début des premiers symptômes.

-Symptômes : forte fièvre, frissons, fatigue intense, perte d'appétit, courbatures, maux de tête, toux sèche.
-Remèdes : infusions de gingembre frais, miel et citron. Tisane de cannelle au miel de thym. Jus de citron pressé nature. Inhalation d'huile essentielle d'eucalyptus. Douche brûlante. Repos.
-Complications : lésions pulmonaires étendues, complication par une infection bactérienne. Pneumonie, sinusite, otite...

Symptômes et soins

Infection urinaire féminine

(l'infection masculine est rare et liée à un trouble de la prostate ou une MST)

-Symptômes : brûlures en urinant, envies fréquentes d'uriner, mauvaise odeur ou sang dans les urines (ni fièvre, ni frissons, ni douleurs rénales).

-Remèdes : le seul traitement efficace exige des antibiotiques. Jus de canneberge (plusieurs études récentes questionnent son efficacité), tisane de queues de cerises bouillies 20 minutes, massage à l'huile essentielle de thym sur le bas ventre.

-Complications : pyélonéphrite (mêmes symptômes mais avec fièvre et douleurs rénales). Septicémie avec risque vital.

PREMIERS SECOURS
Quelques gestes essentiels

Avertissement : *il ne s'agit pas ici de résumer en 2 pages l'enseignement de cinq années de médecine, mais de vous permettre de gérer les premiers instants d'une situation d'urgence. À vous de vous former aux premiers secours, via des stages ou des lectures. À ce propos, je vous recommande les publications et formations de la Protection Civile française.*

1-La mise hors de danger

Face à une personne accidentée ou blessée, le premier réflexe est de la protéger d'autres dangers « secondaires » (passage de véhicules, machine en route...).

Ne tentez pas de déplacer une victime tout seul : cela pourrait aggraver ses blessures, sauf danger immédiat.

Ce n'est qu'une fois la personne protégée que l'on peut se lancer dans les gestes de secours.

2-Reconnaître les malaises graves

-<u>Malaise cardiaque</u> : douleur dans la poitrine.
-<u>Accident vasculaire cérébral</u> : faiblesse d'un bras, déformation de la face, difficulté de langage, perte de la vision d'un œil ou des deux, perte d'équilibre.

3-Réflexes en cas d'hémorragie

En cas de plaie ouverte provoquant une perte de sang, appuyez fortement sur la plaie avec les doigts, la paume de la main, ou un tissu propre, afin d'opérer une compression locale permanente.

Pour les petits bobos, les coupures peu profondes et les brûles, pensez au miel. Outre son bon goût, il se conserve quasiment indéfiniment !

4-La check-list CVC

On vérifie les 3 fonctions vitales : Conscience, Ventilation, Circulation.

Pour la conscience, posez une question simple (tu as mal ?) ou donnez un ordre simple (ouvrez les yeux). En absence de réponse, la personne est inconsciente.

Attention : relever un blessé, c'est le « ramasser », ce qui implique un effort pouvant compliquer certaines blessures (fractures). Il faut donc se mettre à plusieurs, rester coordonnés et minutieux pour bien respecter l'alignement tête-cou-tronc. Le mieux : construire une civière de fortune.

Pour la ventilation, libérez en priorité ses voies aériennes (desserrer le col, la cravate, la ceinture), puis assurez vous que la personne respire encore, en vous approchant de sa bouche. En absence de respiration : engager la respiration artificielle.

Enfin, s'assurer de la circulation du sang : y a-t-il une hémorragie ? Le cœur fonctionne-t-il ? En cas d'hémorragie, faire une compression. En cas de dysfonction du cœur, faire un massage cardiaque.

5-Faire tomber la fièvre sans médocs

Deux méthodes sont efficaces.

Si les jambes ou les pieds sont froids malgré la fièvre, il faut réchauffer le corps. On peut l'envelopper dans une couverture ou le coller contre une bouillotte.

Mais si la température est trop forte (les jambes sont chaudes), alors il vaut mieux agir par le froid. La meilleure technique : entourer des linges humides et frais autour des mollets (de la cheville au genou). On les laisse ¼ d'heure.

Dans tous les cas : il faut boire beaucoup (eau, bouillon, tisane).

Prêts pour l'effondrement

10 PLANTES MÉDICINALES
à cultiver dans son jardin et consommer en tisane ou cataplasme

-Le **tilleul**, le **passiflore** ou la **valériane** : en tisane, pour mieux dormir.

-L'**écorce de saule blanc** : en infusion ou décoction contre les douleurs inflammatoires, les rhumatismes, la fièvre.

-La **violette** : en tisane, pour calmer la toux.

-Le **fenouil** en assaisonnement, pour aider à la digestion.

-L'**échinacée** en tisane, contre le rhume.

-Le **souci** en onguent, pour calmer les inflammations, petites brûlures, et autres problèmes de peau.

-La **mélisse** en tisane, pour calmer les spasmes digestifs et le « ventre gonflé ».

-La **bardane**, en décoction, pour une cure dépurative d'une dizaine de jours.

-Le **laurier noble** en huile essentielle, de façon préventive contre les maux de bronches, digestifs, peau, articulations, muscles et nerfs.

-L'**arnica** (aussi appelée l'herbe des chutes) en onguent, elle soigne les petits bobos.

Attention à **la Digitale**, une plante capable de ralentir le rythme cardiaque, ou même de l'arrêter !

Symptômes et soins

Parlons prévention

Je rêve d'un système de santé dont le cœur serait la prévention des maladies à venir et non le *soin* de maux déjà présents. Cette prévention pourrait prendre la forme d'une visite trimestrielle chez un infirmier de prévention qui écoute, ausculte et oriente vers un médecin le cas échéant.

J'en profite pour vous suggérer de préparer votre corps et votre psyché à l'effondrement... avant qu'il ne soit trop tard !

Par exemple, pourquoi ne pas vous faire opérer de votre myopie d'un coup de laser ? Pourquoi ne pas faire remplacer ces mauvaises dents, vous faire retirer l'appendice ou la prostate ? Et j'en passe !

Enfin, il est essentiel de renforcer votre résilience psychologique en perspective des chocs à venir. Je sais que la psychanalyse n'a plus vraiment bonne réputation de nos jours. Mais de nombreuses psychothérapies s'avèrent très efficaces !

Les 10 commandements de l'hygiène minimaliste

Vous n'en avez peut-être pas conscience, mais votre hygiène (corporelle et vestimentaire) est un des principaux postes de dépenses de votre foyer.

L'hygiénisme de notre société nous pousse à consommer toujours plus d'eau claire et d'énergie pour la chauffer, ou faire tourner nos machines à laver. Nous gaspillons toujours plus de matières premières pour préparer nos savons, détergents ou, encore, pour construire et entretenir nos systèmes de traitement des eaux usées. Une surconsommation intenable, dans la perspective d'une vie en autonomie. Une obsession de l'hygiène qui s'avère dangereuse, pour notre corps comme notre environnement.

LIBÉRÉÉÉ-DÉLIVRÉÉÉ DE LA SECTE HYGIÉNISTE !

On s'interroge rarement sur notre hygiène. Et pourtant, elle pourrait bien constituer une forme de religion post-moderne. Une croyance ancrée dans nos esprits et dans nos mœurs depuis l'enfance, à coup de peurs et de tabous (« tu pues », « oh oh, les anglais débarquent », « tu ressembles à une sorcière, à un va-nu-pieds », etc...).

Une religion organisée sous forme de rituels et d'automatismes (la douche quotidienne, se passer du fil dentaire, mettre ses vêtements à la machine). Une religion qui a ses prêtres en blouse blanche et ses gourous : les vendeurs de savon, de sent-bon, de pschit-pschit, de protection renforcée, de tout-doux, de 3-en-1, de crèmes de jour/de nuit...

Le poids de ces croyances hygiénistes semble tellement lourd, qu'il nous interdit presque de nous interroger sur elles.

Seriez-vous conditionnés ? Et si nous appartenions tous à une secte – l'Église du Savon Magique – à l'issue de notre plein gré ?

Creusez un peu : combien dépensez-vous en produits d'hygiène, de beauté, de bien-être et de lessive ? Combien gaspillez-vous pour chauffer cette eau sanitaire qui coule à flots, chaque soir et matin, dans votre salle de bain ? Faites les comptes... vous comprendrez !

Les 10 commandements de l'hygiène minimaliste

Premier commandement : un jour sur deux tu te doucheras

Se doucher tous les jours est totalement inutile. La plupart du temps, il suffit de se passer – avant de se coucher – un gant de toilette humide sur l'ensemble du corps, en insistant sur les plis et les pieds.

Vous pouvez verser un peu de jus de citron dans l'eau, pour augmenter l'efficacité de ce frictionnage. Pour cela, chinez une ancienne « table de toilette », avec son plateau en marbre pour protéger le bois et son « nécessaire de toilette » (une petite bassine et un pichet en faïence). Oui ça fait *Retour vers le futur*, et alors ?

Deuxième commandement : tu ne te baigneras point

Douche ou bain ? La guerre des chiffres n'en finit pas. « *Un bain c'est 150 litres d'eau, alors qu'une douche consomme 15 litres par minute* »... « *Mieux vaut prendre un bain d'une heure qu'une douche de 10 minutes !* » Cessons de tergiverser : la seule façon d'économiser de l'eau est de prendre une douche de 5 minutes ou de remplir un seau d'eau tiède à se verser sur le corps avec une tasse. Pendant la douche, posez un seau à vos pieds pour récolter l'eau : vous le viderez ensuite dans les fleurs (que l'eau savonneuse protège de certains insectes ravageurs). Pensez à équiper tous vos robinets d'un limiteur-régulateur du débit d'eau.

Troisième commandement : le savon, tu oublieras

Le savon, c'est comme le saumon : une denrée rare et luxueuse, devenue un produit quotidien et banal à la faveur de l'industrialisation. D'après-vous, c'est normal de se brosser les dents au Champagne ?

En 5 000 ans d'histoire, le savon a presque toujours été une denrée rare, méconnue et complexe à fabriquer. Un objet de luxe réservé à l'élite, et encore... En 1900, la plupart des savons venaient de Marseille et servaient à lessiver les vêtements, draps et autres tissus. Pour le corps, on se frictionnait avec des cendres, des extraits de plantes saponaires, des huiles et, surtout, de l'eau !

J'ai récemment découvert que Monsieur de Talleyrand (conseiller du Roi de France puis de Napoléon, puis du Roi...) se décrassait chaque matin avec un couteau d'argent. Quant au compositeur Erik Satie, mort en 1925, il préférait se passer une pierre ponce sur la peau.

J'ai longtemps cru que la démocratisation du savon, au milieu du XXe siècle, était un progrès pour l'hygiène et la santé de tous. Je sais maintenant que l'obsession hygiéniste de notre société est, avant tout, une bonne grosse opération marketing, au profit de l'industrie cosmétique. C'est un *hold up*, un terrrrrible complot.

J'ai donc décidé d'arrêter de me prendre pour Cléopâtre et de me libérer de ces liquides visqueux bourrés d'isothiazolinone (à mes souhaits), de paraben et autres tensioactifs chimiques ou dissolvants : des aberrations dermatologiques qui détruisent le film hydrolipidique conçu pour protéger naturellement ma belle peau...

Alors, que faire ? Une fois votre dernier savon terminé, contentez-vous de vous frictionner le corps à l'eau, en insistant particulièrement sur les plis.

Pour vous débarrasser des peaux mortes :

-*armez vous d'un Luffa* : une éponge végétale rappeuse qui a un effet exfoliant. Son principal avantage : c'est une cucurbitacée qui peut être cultivée au potager !

-une fois par semaine, *offrez-vous un gommage* à la cendre de bois, au bicarbonate ou au marc de café. Nooon, on ne grimace pas, c'est très agréable !

-*pour les aisselles* (en l'absence de déodorant qui ne fait que cacher les odeurs) passez-y un gant sur lequel vous avez mélangé un peu de bicarbonate à du vinaigre blanc. Puis rincez à l'eau claire. Ou bien pulvérisez carrément vos dessous de bras avec du vinaigre blanc, avant de rincer.

Quatrième commandement : des toilettes sèches, tu installera

Avec le manque d'eau actuel et à venir, avec les sécheresses et les gens qui crèvent de soif, ça ne vous dérange pas de chier dans l'eau potable ? Il est temps de battre en brèche les a priori. L'idée de « faire » sur des toilettes sèches provoque trop souvent une réaction de dégoût. Pourtant ces petits-coins verts sont la manière la plus durable d'aller au trône.

Les 10 commandements de l'hygiène minimaliste

Non les toilettes sèches n'ont rien à voir avec des latrines !

Elles peuvent même prendre place à l'intérieur de la maison. Il s'agit de poser un pot, d'une dizaine de litres, sous une cuvette et de recouvrir votre production de sciure de bois ou de paille. Ni gaspillage d'eau (30 % de notre consommation d'eau potable part en tirant la chasse), ni fosse septique à entretenir et de l'engrais gratis : les toilettes sèches, ce n'est pas le passé, c'est l'avenir ! Arrêtez le fertiligène et démarrez une fertile hygiène !

Non, les toilettes sèches ne puent pas !

La seule odeur que ça dégage est celle du bois, ou de la paille qui couvre les matières. Les plus sceptiques (*sorry* pour le mauvais jeu de mots) pourront toujours parfumer les WC avec des huiles essentielles ! On peut aussi opter pour des toilettes sèches « à séparation », où un filtre sépare l'urine (qui va dans un contenant particulier) du reste.

Non, vider des toilettes sèches n'est pas dégueulasse !

D'abord, c'est loin d'être une corvée quotidienne. Pour une famille de 4 un tantinet constipée, il faut compter une vidange tous les 3 jours. Alors, oui, vider son seau dans le tas de compost est... une « habitude à prendre ». Mais ce n'est pas pire que de vider la litière du chat ou de déboucher un tuyau encrassé. Normal que l'idée vous répugne au départ. Mais, tous les témoignages prouvent qu'en utilisant des copeaux, il est impossible de reconnaître ses crottes et qu'on ne sent rien ! Mais comment se fait-ce ?*. Tout simplement parce que le compostage n'est pas un fumier !

*vous avez compris, fait-ce / fesse... Ok, je sors.

Oui, les enfants s'adaptent très bien aux toilettes sèches !

Pas d'inquiétude : les gosses ont une capacité d'adaptation bien supérieure à la vôtre. Un enfant de 3 ans peut comprendre sans problème qu'à la fin de son popo, il faut jeter une ou deux pelletées de sciure dans le trou. Un jeu d'enfant !

Le conseil du maître composteur : le truc, c'est d'éviter la fermentation anaérobie qui provoque l'apparition d'une mauvaise odeur d'ammoniac. Donc, on est généreux sur le copeau de bois ! Attention aussi qu'il ne fasse pas trop chaud dans les toilettes, notamment en été. On conseille enfin un seau en inox, pas en plastique. Les plus inquiets pourront suivre une formation en gestion du compost option toilettes sèches. Ça ne peut pas faire de mal... Par contre, aucun de ces conseils ne vous préservera des odeurs laissées par la personne qui vous a précédé sur le trône. Désolé.

Attention ! On est obligé d'avoir un jardin pour utiliser des toilettes sèches. Il est interdit de jeter son sac d'excréments à la poubelle ! Il vous faut un jardin où déverser ce compost auto-produit dans un bac ou sur un tas, qui pourra, ensuite, vous permettre de nourrir la terre de votre potager !

Cinquième commandement : le P.Q tu remplaceras

Tout comme le savon, le papier toilette est une mauvaise habitude, très peu hygiénique et pas du tout écologique. Un truc démocratisé par l'industrie à partir des années 1950. Jusque là, on se servait de cailloux, de coquillages, de feuilles de poireaux (si, si!), de serviettes de lin ou de velours (la claaaaasse), de bâtons courbes transmis de père en fils (une coutume chinoise datant du Xe siècle), de son courrier (il paraît que toute la correspondance diplomatique de Louis XIV y est passée !), de papier journal, etc...

Et, dans les pays musulmans, la tradition veut toujours que l'on se lave le fondement à l'eau avec la main gauche (la version moderne est un tuyau d'eau branché sur le WC) : la droite servant exclusivement à se nourrir.

Le P.Q ne devient un truc chic qu'autour de 1850, quand l'américain Joseph Cayette fonde la société Cayetty's Medicated Paper, et ce n'est qu'à partir des années 60 qu'il se popularise en Europe. Aujourd'hui, cette industrie pèse 786 millions d'€ par an, selon les chiffres du Group'Hygiène... et détruit plus de 27 000 arbres dans le monde chaque jour, selon la WWF.

Maintenant que vous êtes érudits, vous êtes certainement prêts à abandonner votre (trop) cher P.Q et à le remplacer par une méthode saine et écolo !

Le T.Q : malin, mais compliqué

Le TQ ou tissu-cul, est un petit carré de coton lavable, souvent fait maison, à partir de vieux t-shirts. Problème : comment stocker, puis laver ces tissus sales ? Joie. Bonheur. Conséquence : cette technique n'est généralement utilisée que par les femmes, pour la petite commission.

Bidet ou douchette annale : la fausse bonne idée

Ce n'est pas pour rien que 7 humains sur 10 se nettoient le derche à l'eau (notamment dans les pays asiatiques et arabes), grâce à une petite douchette raccordée au WC. Une méthode a priori plus écologique que le PQ puisque, selon nos savants calculs, le débit d'un bidet serait de 0,5 litres d'eau par minute, contre plus de 287 litres pour fabriquer un rouleau de papier toilette...

Cependant dans une perspective autonomiste, cette technique de bidet « à la papa » ou de douchette à jet, reste quand même une cause de gaspillage d'eau potable. En effet, qui voudrait se rincer les muqueuses génitales et annales à l'eau croupie !? Vous n'êtes pas d'accord ?

Et si on s'essuyait au naturel ?

Durant la majeure partie du Moyen Âge, soit près de 1 000 ans, l'Europe s'est essuyée à la feuille de marronnier. Du côté des États-Unis, le « *Cowboy Toilet Paper* » était constitué de feuilles de Grande Molène (Verbascum thapsus)... auquel les bûcherons préféraient la grande feuille d'Aster macrophyllus (ou Astrée). Quant à l'Afrique, elle privilégia la feuille souple du Coleus forskohlii (Plectranthus barbatus). En France, on a longtemps utilisé les feuilles d'acanthe, de bouillon blanc, la bardane, le douveteux, le rumex (résistant et bien large).

> **Le conseil du chieur-cueilleur** : privilégiez les feuilles d'arbres récoltées en hauteur, mieux protégées des déjections d'animaux sauvages qui transmettent parfois des maladies.

Autre grand avantage de cette méthode pour les utilisateurs de toilettes sèches : la feuille se décompose naturellement dans votre compost !

Voilà, vous savez ce qui vous reste à faire : planter des arbres et pas n'importe lesquels !

Sixième commandement : tu remplaceras le dentifrice par du bicarbonate.

Non, le dentifrice ne nettoie pas les dents ! Seul un brossage d'au-moins 3 minutes est efficace (et, sincèrement, respectez-vous cette règle des 3 minutes ?) Quant au dentifrice, il se contente de blanchir les dents ; même si le fluor que certains contiennent peut aider à reminéraliser l'émail et le protéger... Ce qu'un peu de bicarbonate de soude saupoudré sur la brosse fait aussi bien ! Au passage, notez que l'efficacité du fil dentaire n'a jamais été prouvée.

Septième commandement : ton shampoing, tu do-it-yourserlferas.

Les shampoings moussants industriels font à votre cuir chevelu ce que la *junk-food* fait à votre estomac : agression chimique, irritation, affaiblissement. Plutôt que de laver, ils décapent le cuir chevelu et vous obligent à acheter un après-shampoing pour réparer les dégâts.

Néanmoins, et contrairement au savon, il est bien plus difficile de se passer entièrement de shampoing. À moins de « cultiver » des *dread-locks* – puisque c'est à ça que ressemblent des cheveux non-lavés depuis des lustres – il va vous falloir trouver une alternative.

Ça tombe bien, il en existe plein et elles sont millénaires :
-friction avec une pincée de bicarbonate, puis rinçage à l'eau ou au vinaigre de cidre (un excellent tonifiant),

Les 10 commandements de l'hygiène minimaliste

- massage sec à la farine de pois chiches (j'appelle ça le schummus),
- massage à l'œuf battu. À laisser agir 15 minutes avant de rincer à l'eau froide (si vous utilisez de l'eau chaude vous finirez avec une omelette sur le tête),
- masque à l'argile verte. À rincer rapidement avant d'appliquer une huile végétale,
- pour les cheveux longs : 50 à 100 coups de brosse, avec ou sans huile végétale (selon que vous ayez les cheveux gras ou secs) et avec une brosse sans plastique, *please* (demandez à votre grand-mère...).

Je vous passe la p'tite chute du « vous le valez bien ». De rien.

Huitième commandement : à la cendre de bois tu lessiveras.

Jusqu'à la veille de la seconde guerre mondiale, le « monde moderne » lessivait au savon de Marseille, à la potasse (un minerais aux vertus tensioactives) ou à la cendre de bois.

Chut ! Voici la recette secrète que le lobby mondial du détergent ne veut pas que vous découvriez !

Pour 1 L de lessive de cendre de bois

<u>Ingrédients</u> : 2 L d'eau, 4 verres à moutarde de cendres

<u>Ustensiles</u> : passoire, torchon de cuisine, bassine, entonnoir, bouteille en verre, huile essentielle de lavande.

<u>Temps de production</u> : 36 heures, 5 minutes et 34 secondes

<u>Méthode</u> : avec la passoire, tamisez la cendre pour en retirer le charbon et autres déchets. Dans la bassine : mélangez la cendre et l'eau. Laissez reposer 36 heures. Filtrez le mélange à travers le torchon. Rincez la bassine. Pressez le torchon pour récupérer le jus dans la bassine. Versez le jus (une eau savonneuse de couleur jaune) dans la bouteille, en utilisant l'entonnoir. Ajoutez 2 gouttes d'huile essentielle de lavande. Jetez ce qui reste dans le torchon. Au jardin, ça fera un excellent répulsif contre les insectes nuisibles.

C'est prêt ! Un demi-verre par lavage devrait suffire !

Neuvième commandement : tu nettoieras ta maison avec du bicarbonate de soude, de l'acide citrique, une huile essentielle, de l'eau et c'est tout ! Top chrono !

10h21'05 : vous attrapez le flacon-spray d'1/2 litre (le pistolet qui fait pschit-pschit).

10H21'35 : vous y versez 2 cuillères à soupe de bicarbonate et 1 cuillère d'acide citrique dans de l'eau chaude.

10H22'45 : vous remplissez le flacon.

10h23'36 : vous y laissez tomber 2 gouttes d'huile essentielle de citron, de pamplemousse ou de lavande, au choix.

10h24'55 : vous nettoyez votre baraque.

Félicitations ! En 4 minutes, vous venez de sauver des centaines d'euros tout en libérant votre foyer et votre famille des produits chimiques javellisés ultra-agressifs.

LES meilleurs conseils du bouquin : d'abord, offrez-vous le livre *Les bonnes utilisations du bicarbonate de soude...*, par Martine Esnault. Difficile à trouver, mais pas impossible ! Ensuite, stockez un maximum de bicarbonate de soude et d'acide citrique. Car même si l'on peut en faire soi-même, ce sont des opérations complexes !

Dixième commandement : dans 2 bacs, ta vaisselle, tu feras.

Bac n°1 = lavage = eau chaude non potable, avec 1 c.a.c d'acide citrique

En été, on peut laisser de l'eau au soleil dans une bassine bâchée. Elle atteindra les 40°C en fin de journée.

Bac n°2 = rinçage = eau froide potable.

Pour frotter : utilisez une éponge naturelle type luffa.

En guise de liquide vaisselle : on peut mélanger la lessive de cendre au nettoyant multi-usages décrit page précédente. Efficacité garantie.

Votre poêle/casserole a cramé ? Frottez avec une demi-pomme de terre saupoudrée d'acide citrique.

Les 10 commandements de l'hygiène minimaliste

Tant que vous êtes sur votre lancée, vous pouvez choisir de...

...devenir un maître de l'eau. Pour cela, faites un *seau* **PAGE 112** (ha ha !)

...devenir un maître de l'énergie. Pour cela, partez à la quête des 7 boules de cristal venues des étoiles, **PAGE 120.**

Retrouver et/ou préserver ses muscles
pour affronter l'effondrement sans courbatures

Votre condition physique devra être optimale pour tenir face aux efforts d'une « vie simple », essentiellement consacrée à des tâches agricoles et/ou artisanales, dans un environnement où les déplacements se feront à pied ou sur selle !

Dans le monde post-collapse, le confort dans lequel vous vous vautrez aujourd'hui ne sera plus qu'un souvenir sirupeux. Vous aurez donc besoin de résistance et de force. Un bon entraînement physique renforcera votre endurance et vous évitera des maux musculo-squelettiques, d'autant plus graves que les soins seront alors rares et/ou chers ! Vous avez compris : il est temps de sculpter votre body.

Pour celles et ceux qui ne sont pas en pleine forme ou se trouvent un peu mous et gras, voici une petite routine sportive quotidienne, testée et approuvée par moi-même, puisqu'elle m'a fait passer de l'état de loukoum endolori à celui de Charles Ingalls corso-normand. Je l'ai nommée : le programme BTP, pour « bouge ton popotin ».

Ces exercices ont pour objectif d'améliorer à la fois votre souplesse, votre endurance dans l'effort et la robustesse de vos muscles.

C'est un entraînement de la débrouille, inspiré de sports *low-tech* (sans matériel ou presque) comme la méthode Pilates, la méthode Lafay ou le Taï-chi... que je vous recommande tous les trois.

PROGRAMME B.T.P.

Ma recette :

- -1/3 de cardio (corde à sauter, courir dans les escaliers),
- -1/3 d'assouplissements (yoga),
- -1/3 de musculation (gainage, Pilates).

Associer les trois en une seule séance est un combo gagnant : le cardio augmente vos capacités pulmonaires, mais il ne tonifie pas le corps. Ça, c'est l'œuvre de la muscu.

On travaille avec le poids du corps, sans haltères ni machines de torture, mais sur un gainage des muscles profonds. On débute et termine les séances par 2x10 minutes d'assouplissements qui aideront à lutter contre les raideurs musculaires et soulager les articulations. Autre avantage : ce temps de décontraction musculaire peut devenir un temps de méditation.

Il n'y a pas de *mauvais* sport ou de sport *inutile*. Par contre, certains – comme le yoga, le Pilates ou le crossfit – sont plus adaptés que d'autres à ce qui nous attend.

Ma méthode :

1-Détendez votre corps, relâchez les tensions. Prenez **5 minutes**.
Inspirez-vous du Yoga ou du Taï-chi.
À ce titre, je vous recommande le livre *Taïchi-chuan - La méthode des 24 et 48 postures*, par Shou-Yu Liang et Wen-Ching Wu.

2-La planche : elle renforce à la fois les abdominaux et le dos.
Elle mobilise les muscles profonds. Tenez bon **6 minutes** en changeant de position toutes les 2 minutes !
Variez les efforts, mais ne rentrez pas la tête pour ne pas casser la nuque !

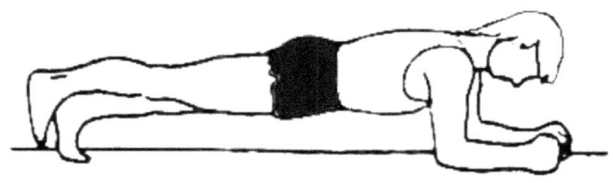

3-Les crunchs inversés : ils musclent le bas du dos et évitent les problèmes de lombaires. Allongé sur le dos, les jambes fléchies, pieds vers vos fesses. Soulevez le bassin en gardant les épaules au sol, de manière à aligner buste-bassin-cuisses le plus droit possible.

5 séries de 10 avec des pauses suffisent amplement.

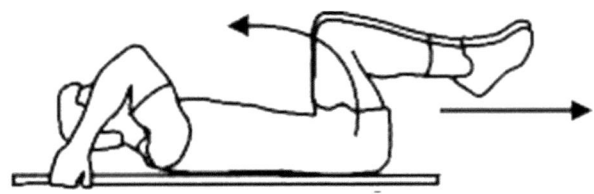

3bis-Les abdos hypopressifs : une méthode alternative et douce pour tonifier le ventre grâce à la respiration.

Allongé sur le dos, on expire pour vider les poumons, on rentre le ventre, on contracte le périnée et on bloque la respiration 10 secondes. Puis, on inspire profondément en gardant le ventre rentré. Et on expire lentement. Le ventre ne doit pas bouger. Demandez à un kiné de vous montrer ! ¼ d'heure suffit avec des pauses.

4-La chaise : un renforcement musculaire des cuisses qui améliore l'équilibre du corps.

Prendre appui le dos, contre un mur, et se mettre en position de chaise, en veillant bien à ce que les jambes soient à l'équerre (un angle de 90° entre les cuisses et le tronc, ainsi qu'entre les cuisses et les mollets). Maintien de la posture pouvant aller de 3 séries de 30 secondes pour un débutant, à 6 x 1 minute pour un confirmé. Le temps de récupération entre chaque exercice est égal au temps d'effort.

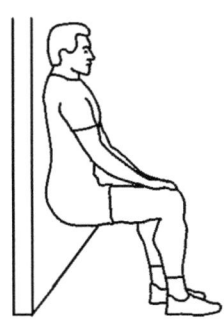

5-Exercices de cardio : corde à sauter / course dans des escaliers / sautiller en levant les genoux / sprint fractionné.

Allez jusqu'à l'essoufflement, mais ne poussez pas au-delà, histoire de vous éviter un malaise !

6-Étirements : inspirez-vous du yoga et profitez-en pour méditer un peu. Prenez 10 bonnes minutes.

Repérer et apaiser l'éco-anxiété

La peur de l'effondrement peut entraîner une forme d'angoisse, et même de dépression. Une nouvelle psychose appelée « solastalgie » (la nostalgie du confort) ou éco-anxiété, met à rude épreuve les relations humaines. Ces quelques conseils vous éviteront peut-être l'épuisement émotionnel.

SYMPTÔMES

Vous écoutez les nouvelles du matin, *swipez* sur votre fil Twitter ou Facebook, et voilà qu'un frisson vous parcourt l'échine. Votre fréquence cardiaque grimpe, alors que vous lisez les titres d'articles alarmants.

Vous avez beau essayer de vous concentrer sur votre journée, impossible : vous êtes distrait, préoccupé. L'ulcère pointe. On vous reproche d'être irritable et hyper-sensible. Vous n'arrivez pas à décrocher des fils d'infos.

Votre leitmotiv : « tout empire de jour en jour. Que va-t'il se passer demain ? » Souvent, vous vous demandez : « où sera-t-on dans 5 ans ? » ou « que vont devenir les enfants ? »

La solastalgie peut aussi se traduire par un fort sentiment de culpabilité envers vous-même et de colère contre les autres. On s'en veut de ne pas avoir le courage de résoudre la contradiction entre son mode de vie (urbain, polluant, concurrentiel, consumériste) et ses aspirations simplicitaires. Et on en veut viscéralement aux autres de continuer à consommer et à polluer, comme si de rien n'était...

Vous vous êtes reconnu (ou vous reconnaissez un proche) ? Alors, il y a de grandes chances pour que ce soit de l'éco-anxiété.

Selon l'Australien Glenn Albrecht, chercheur en questions environnementales et inventeur du terme solastalgie en 2007, ce mal touche majoritairement les jeunes gens, diplômés et connectés. Il peut prendre diverses formes.

1- La climato-dépression

La solastalgie n'a rien d'un fantasme : c'est une véritable pathologie qui désigne un « *sentiment de bouleversement et de désespoir face au dérèglement climatique* ».

La hausse des températures, les canicules et les tempêtes, la disparition de la biodiversité, le pouvoir des lobbies, le COVID-19... Nous avons tous des raisons concrètes d'être inquièt·e·s.

Mais, chez l'éco-anxieux, cette inquiétude est décuplée jusqu'à devenir un véritable handicap.

Sa motivation est sapée par une profonde sensation de tristesse, d'impuissance, de perte de repères... Il est littéralement hanté par la disparition des animaux, les catastrophes naturelles ou la peur de donner la vie sur une planète en (auto)destruction.

Pour mieux comprendre ce que ressent un éco-anxieux, il faut (re)voir le film *Take Shelter*, de Jeff Nichols, sorti en 2011. Le *pitch* : Curtis, l'anti-héro de ce drame, est obsédé par de violents cauchemars sur la fin du monde. Alors que la peur s'empare de lui, il se construit un bunker sous-terrain. Ça donne envie, n'est-ce pas ?

2- L'angoisse de finitude

Cette angoisse naît lors de la prise de conscience qu'il n'y a pas de plan B pour la planète, pas d'alternative ni d'espoir et qu'il faut faire le deuil de l'avenir. Mais faire le deuil de quelque chose qui n'a jamais existé... est impossible ! Et cette contradiction peut provoquer de l'anxiété.

Les neuroscientifiques définissent l'anxiété (au sens large du terme) comme la rencontre de l'inquiétude et du stress. L'inquiétude est une préoccupation mentale ou émotionnelle. C'est un truc intellectuel. Au contraire, le stress est un truc hormonal et instinctif.

L'inquiétude déclenche le stress, qui nourrit... l'inquiétude. Bref, l'anxiété est un cercle vicieux dont il est difficile de sortir. C'est ainsi que l'éco-anxiété peut conduire à de l'insomnie chronique, voire de l'anorexie, des crises d'angoisse, la volonté d'hyper-contrôle ou la prise de décisions irrationnelles.

Autrement dit, le syndrome d'éco-anxiété est une angoisse existentielle. La version écolo de *La Nausée* décrite par Sartre...

> Les éco-anxieux sont des gens normaux dans un monde malade.

CONSEILS THÉRAPEUTIQUES

Avertissement : *cette page ne vise aucunement à remplacer l'aide d'un professionnel – loin de là ! Et si vous, ou l'un de vos proches, souffrez d'éco-anxiété au point que cela devienne difficilement tenable, contactez un médecin (tant qu'il en reste).*

-<u>La méditation pour éviter de ruminer des pensées sombres</u>. Pour les débutants, je recommande la bande-dessinée *Méditer - Le bonheur d'être présent,* par Fabrice Midal, Emmanuel Despujol et Eric Corbeyran (éd. Philippe Rey, 2019).

-<u>Passer à l'action en élaborant un plan de transition</u> qui fait écho à vos priorités : zéro déchet, végétarisme, panneaux solaires, jardin partagé...

-<u>Rejoindre un mouvement militant</u>, pour ne pas rester seul·e et rencontrer des personnes qui partagent les mêmes préoccupations, histoire de retrouver un peu d'emprise sur votre destin.

-<u>Abandonner votre smartphone pour un téléphone *old school*</u>, afin de vous détacher des réseaux sociaux anxiogènes. À mes yeux, le meilleur *phone* pour se désintoxiquer sans être déconnecté est le Blackview BV1000. Un tel portable à l'ancienne et tout terrain (promis je n'ai ni action, ni partenariat avec eux).

-<u>Extériorisez vos angoisses</u>, en parlant, en écrivant, en libérant cette énergie qui bouillonne, en posant le doigt sur ce qui ne va pas. Pourquoi ne pas tenir un journal de bord (du précipice) dans lequel vous répondrez à la question « est-ce que je vais bien aujourd'hui ? » en quelques mots ? Un vieux truc de psy qui a fait ses preuves !

Que faire des fous, si les hôpitaux psychiatriques sont H.S ? Depuis toujours, nous les avons attachés aux poteaux ou à des camisoles chimiques. Est-ce le seul « remède » ? À ce propos, je vous recommande la lecture des travaux de l'ethno-psychiatre Tobie Nathan.

Prêts pour l'effondrement

Tester la santé psychologique d'un inconnu

Cet étranger qui frappe à la porte de votre communauté est-il une chance ou une menace ? Pour le savoir, vous devrez sonder sa psychologie et vous assurer de ne pas accueillir une personnalité toxique. Mais comment repérer un manipulateur ou un pervers narcissique, sans passer par une forme de psychanalyse ? Voici ma méthode (elle a prouvé son efficacité dans mes diverses expériences professionnelles ! Enfin, jusqu'ici. Je touche du bois !).

Avertissement : ce test ne remplace pas l'évaluation d'un(e) psychologue.

LE TEST DES 5 PREMIÈRES MINUTES

Lors de l'arrivée d'un·e inconnu·e, demandez-lui de raconter son histoire, son passé et comment il/elle est arrivé·e jusqu'ici.

Au fil de son récit, vous allez tenter de déceler **6 « mauvais signes »** :

1-Le refus de se confier en public, d'aller dans les détails.
2-L'abus du "moi" ou du "je" lorsqu'il/elle parle de sa vie.
3-Le plaisir d'être au centre de l'attention.
4-La répétition de moqueries et d'imitations humoristiques.
5-Une victimisation, des plaintes incessantes.
6-Une belle assurance, un vrai charisme.

Alors oui, la personne décrite ici semble être un·e parfait·e candidat·e, avec l'étoffe d'un·e leader politique et/ou syndical. Voilà, vous avez compris pourquoi, généralement, ça se passe mal dans ces milieux.

Si vous constatez au moins trois de ces "mauvais signes", il serait sage d'approfondir votre entretien avec le "test du coup de main".

Tester la santé psychologique d'un inconnu

LE RITUEL DU VOYAGE

Avant de confier des responsabilités à un membre de ma *tribu*, je lui proposerai de faire un long voyage – plusieurs jours de rando, par exemple – en compagnie de membres de ma communauté.

Un rituel inspiré de rites initiatiques des sociétés indigènes, destinés à voir ce qu'une personne a dans le ventre, et quelles sont les faiblesses de sa personnalité.

Concrètement, il s'agit de découvrir si, une fois confronté·e à un problème, i·el se montre :

-mal à l'aise quand il faut bosser en groupe,

-incapable d'avouer qu'il ou elle ne sait pas,

-susceptible ou jaloux (insécurité, complexe d'infériorité),

-colérique et frustré·e (ne cesse de se plaindre),

-égocentrique, arrogant·e (a une opinion sur tout, a raison, ne veut pas avouer qu'il ne sait pas, et c'est toujours « la faute des autres »),

-pessimiste ou victime (toute difficulté lui paraît insurmontable),

-inflexible (refuse de changer d'opinion),

-perfectionniste (se contente de pointer les défauts),

-antisocial·e (haine de l'autorité, menace).

Si plusieurs membres de la communauté ressentent un malaise et notent les mêmes signes de toxicité chez la personne, c'est qu' i·el n'a pas (encore) l'étoffe pour se voir confier des responsabilités.

La technique des 4 minutes au fond des yeux : au début des années 2000, le psy américain Arthur Aron a démontré qu'il suffisait que deux inconnus se regardent dans les yeux durant 4 minutes pour qu'un rapprochement durable s'opère. À l'issue de ces 4 petites minutes, vous ne vous regarderez plus comme des inconnus, mais comme des amis. Cette expérience a montré la force de l'empathie humaine, même entre des personnes issues de cultures différentes.

Prêts pour l'effondrement

Tester la santé psychologique d'un inconnu

LES TRANSPORTS

Quel véhicule pour rouler après l'effondrement ?

> **Avertissement** : pas question de trancher ici la controverse qui enflamme les lèvres des *preppers* depuis les origines du survivalisme, à savoir : quel est le meilleur *Bug Out Vehicle* (B.O.V) censé vous conduire tout droit vers votre Base autonome et durable (B.A.D) en un seul morceau et en écrasant tous ceux qui vous barrent la route ? Non, mon objectif est plutôt de vous aider à choisir les véhicules qui vous transporteront au quotidien et « en autonomie », dans un monde où les garagistes et les stations essences ne seront plus que de tristes et moches souvenirs de bords de routes. Je vous parle d'un temps que les moins de vingt ans vont certainement connaître. Diladi ladadaaa...

Il existe deux sortes de véhicules « de survie »: ceux dont on rêve et ceux qui vous sauvent la mise.

Alors, oubliez les versions romantic'off-road ou MadMaxistes. Oubliez votre S.U.V/Crossover suréquipé avec prime à la conversion. C'est de la camelote. Certes capable d'écraser un hipster en trottinette. Mais pas de tenir la distance hors des sentiers battus.

Oubliez aussi les engins tacticools du genre Tesla Cybertruck, Humvee, Knight X5 ou Ford Rhino : trop voyants, trop gourmands en électricité, trop WTF.

Allez, en route, il est temps de réveiller le *gentleman farmer* qui est en vous !

DES ÉVIDENCES QUI MÉRITENT D'ÊTRE RAPPELÉES

Il vous faudra deux véhicules. Un pour les longues distances ou les lourdes charges. Un autre pour le reste. Ils devront être adaptés au terrain qui vous entoure (boue, neige, forêt, cailloux, eau...) et aux utilisations que vous allez en faire (transport de végétaux, d'animaux, de familles nombreuses, tractage...). Enfin, il faudra aiguiser vos talents de mécano : il n'est jamais trop tard pour apprendre !

Quel véhicule pour rouler après l'effondrement ?

UN DEUX-ROUES, C'EST QUAND MÊME LA BASE

Vous avez le choix. VTT classique, à moteur électrique ou dynamo, moto tout-terrain reconditionnée au bioéthanol... Tout est permis sauf la Harley Davidson Samcro, on est pas dans Son's of Anarchy ici ! Pour le port de charges lourdes, on recommande le vélo-cargo équipé de « bacs » permettant le transport d'enfants ou d'objets.

Un peu d'histoire : en 1941, l'armée japonaise attaque le nord-est de la Malaisie en partant de la petite ville de Kota Bharu... sans chars ni voitures, mais à bicyclette ! Les Japonais viennent d'inventer « l'infanterie cycliste » et de démontrer que le vélo est le meilleur moyen de se déplacer rapidement en portant des charges lourdes (armes, eau et nourriture) dans un territoire recouvert d'une forêt tropicale quasi-impénétrable. Le contingent de cyclistes parcourra ainsi plus de 800 km jusqu'à atteindre Singapour, pour affronter les britanniques qui capituleront le 15 février 1942.

QUELLE AUTOMOBILE POUR LA VIE EN AUTONOMIE ?

Si vous pensez ne pas pouvoir vous passer d'une bagnole, autant en choisir une qui ne vous laissera pas tomber à la première panne de batterie ni au premier nid de poule. Mais, avant que je ne me lance dans une litanie de marques et de modèles, je vous propose de tester votre bagnole. Si vous n'en avez pas, marchez jusqu'à la **PAGE 258.**

TESTEZ VOTRE BAGNOLE

Fiable	M3-utiles	Econome en carburant	Tout terrain, multi-usages	Possibilité de carburant alternatif	Facile à réparer

Ce tableau sera un guide dans votre inlassable quête de la collapsomobile. Il permet d'opérer une sélection fine à partir de 6 critères précis.

Prêts pour l'effondrement

Explication des critères

-**Fiabilité** : pour connaître les marques les plus fiables du marché, fiez-vous aux associations de consommateurs ou aux assureurs. Vous découvrirez que le top 10 est presque exclusivement trusté par des marques japonaises (Toyota, Honda, Hyundai) ou Coréennes (Kia). Viennent ensuite les allemandes (BMW, Mercedes, Audi, VW). *Deutsche kwalität !* Par contre, évitez les françaises (sauf celles d'avant l'électronique, qui débarque au début des années 80').

-**M³ utiles** : de quoi transporter toute votre famille, le chien, la belle mère et le maximum de stock.

-**Tout terrain et multi-usages** : vous pensez avoir besoin d'une forteresse mobile ? Vous avez tort. Il vous faut juste un truc pour vous mener du point A au point B, sans danger. Du genre : 4x4 avec garde au sol d'au moins 25 cm, facile à manœuvrer, avec sa roue de secours, des chaînes, un câble de traction et même des phares additionnels.

L'arnaque S.U.V : 90 % des sport utility vehicles (ou crossovers, c'est kifkif) ne sont pas faits pour rouler off-road. La cause ? Une garde au sol en charge, inférieure à 20 cm qui les rend inutiles sur terrain très accidenté. J'ajoute, au passage, qu'ils sont plus chers, plus consommateurs d'essence et accidentogènes que toute autre voiture. De vraies merdes roulantes.

-**Économe en carburant** : c'est ici que les choses se compliquent. La majorité des 4x4 ou des *pick-ups* sont de maousses machines à papa. De bonnes grosses suceuses qui pompent minimum 10 litres au 100 km et séduisent aussi bien *l'old white male* que le rappeur de la *East Coast* de la Seine. Et ne croyez pas que les monstres électriques de Tesla, Faraday Future ou Rivian ne viennent vous sauver ; leur technologie n'a strictement rien de durable, ni d'autonome : pour mettre les mains sous le capot, un mécano doit suivre une formation particulière et se doter d'équipements spéciaux. Actuellement, seuls les garages concessionnaires ont les moyens de s'occuper, à grand frais, de vos véhicules électriques. Et ça n'est pas prêt de s'arranger...

Quel véhicule pour rouler après l'effondrement ?

-Possibilités de carburant alternatif : les carburants végétaux (huiles végétales hydrotraitées ou bioéthanol) représentent des alternatives décarbonées intéressantes. Mais est-il bien utile de convertir sa voiture aux biocarburants ? On entend souvent parler de ces voitures qui roulent à l'essence de friture. Ce n'est pas une légende urbaine. Néanmoins, il n'y a rien de durable là dedans : rouler à l'huile de friture usagée glanée dans les restaurants, revient à être dépendant du bon vouloir des restaurateurs ! Quant aux autres biocarburants, leur fabrication exige des quantités énormes de végétaux. Et qui va faire pousser tout ce maïs ou tout ce blé ? Et quelle autre culture va-t'il remplacer ? Et je ne parle même pas de l'énorme quantité d'énergie que vous allez gaspiller à produire l'alcool qui deviendra le carburant... Tout ceci les exclut d'un projet en autonomie.

La règle des 10 km : dans le monde d'après l'effondrement, le périmètre de votre bassin de vie pourrait tourner autour de 10 km. Dans ce cas, vous serez généralement à vélo, voire à dos de mule ou de cheval.

-Facile à réparer : en cas de panne, vous pouvez réparer vous-même ou trouver facilement quelqu'un qui aurait le matos et le savoir-faire. Les pièces de rechange sont faciles à trouver (notamment si la marque est populaire dans le coin). Les outils sont communs et pas propres à la marque. Casse-tête : plus le modèle est récent, plus il est bourré d'électronique et difficile à réparer avec les moyens du bord. Mais plus le modèle est ancien, plus il consomme et plus les pièces de rechange sont rares. Pour savoir si un véhicule récent contient peu d'électronique, vérifiez que le compteur de vitesse soit analogique (avec une aiguille) et que le moteur soit à carburateur ou à injection mécanique.

Question pour un champion ! (Pour ceux qui nous regardent, un indice s'affiche en bas de l'écran).

TOP ! Je suis... la première voiture française équipée d'une injection directe électronique de série... J'ai été mise sur le marché en 1972 même si cette technologie existait depuis 1967... Je suis, je suiiiis... La DS 21 ! Oh la la ! Oui, oui, oui ouiii ! Maintenant, vous savez qu'un modèle d'avant 1972 (ou 1967) ne contient aucune électronique embarquée ! C'est ga-gné !

Prêts pour l'effondrement

FLOPS & TOPS

Pour rouler AVANT l'effondrement, la plupart des survivalistes vous conseilleront des B.O.V 4x4, du genre Jeep Wrangler, Rover Defender, Volvo Laplander, Toyota FJ Cruiser, Mercedes G Wagon, Land Rover Freelander ou Toyota Tacoma.

J'avoue, je suis assez fan de ces grosses machines et la vue d'un bon vieux Defender ou d'une Jeep du débarquement (j'en croise beaucoup en Normandie) réveille en moi le tourbillon d'un vent de foliiiiiiie.

Oui, mais avec des moteurs qui pompent entre 11 et 13 litres au 100 km, ces machins ne sont pas, mais alors vraiment pas, taillés pour l'autonomie.

Je leur préfère un véhicule robuste hybride bioéthanol-électrique. Un compromis permettant de tenir le plus longtemps possible, même après le *peak oil* (qui fera exploser le prix de l'essence... ou provoquera des *blackouts* électriques, compte tenu des besoins en augmentation constante).

Vous gagnerez encore en autonomie en misant sur une autoproduction électrique via des panneaux photovoltaïques.

Sans citer de marque ni de modèle, je m'intéresserai de près à des voitures hybrides japonaises d'occasion, voire à de vieux modèles essence qui ont fait leur preuve et que je convertirai en voiture hybride via la méthode du *retrofit*.

Pour rouler APRÈS l'effondrement, je miserai plutôt sur de petites 4x4 rurales des années 60-70, qui ont fait leurs preuves sur les petites routes défoncées de campagne. Leur fiabilité et leur légèreté en font d'increvables compagnons de route.

Je pense, avec délectation, à la Fiat Panda Cross (imaginée pour les montagnes italiennes), à la 2CV Sahara, à la Méhari, à l'excellente 4L du Gendarme à Saint Tropez. Leur énorme avantage, en cas de pénurie de pétrole : ce sont les moteurs les moins gourmands du marché (entre 5 et 7 L/100 km) et leur mécanique est très simple à entretenir. On peut même booster leur moteur en deux temps, trois réglages !

Mais je ne pourrais pas vous reprocher de craquer pour une Suzuki Jimny, une Lada Niva ou une UAZ soviétique ; même si leur consommation de carburant reste élevée. Évidemment, le must serait

Quel véhicule pour rouler après l'effondrement ?

de les convertir en hybrides grâce à la méthode *rétrofit*.

Et pourquoi pas un mini-tracteur ? Si vous vous apprêtez sérieusement à mener une vie agricole, pourquoi ne pas aller au bout de votre logique en prenant un petit utilitaire ? Ce n'est pas un tracteur, mais juste une machine robuste à moteur 3 cylindres, taillée pour travailler partout. Vous avez l'embarras du choix : le Gator de John Deere, le Massey Ferguson 1500, les T3 de chez New Holland...

Si vous êtes définitivement rangé des voitures – et totalement adepte de la petite reine – pédalez jusqu'à la **PAGE SUIVANTE**.

Mais, si vous préférez aux biclous un compagnon à quatre pattes, trottez donc jusqu'à... **LA PAGE SUIVANTE aussi** !

Ce dont on pense avoir besoin

Ce dont on a vraiment besoin

Prêts pour l'effondrement

Tous en selle !
Cheval, âne ou vélo... que choisir ?

Comment choisir entre ces trois moyens de locomotion et de transport de marchandises, aussi écolos que branchés ?

Pour trancher cette question épineuse, je les ai benchmarké, en comparant leurs capacités de transports de personnes, de marchandises et leurs contraintes d'entretien respectives. Le résultat va vous étonner.

Avertissement *: j'ai volontairement choisi d'exclure le vélo électrique du comparatif, pour me limiter au vélo mécanique classique.*

Ce choix est dicté par la recherche de la solution la plus autonome et durable possible.

Or, avec ses batteries et son moteur électrique, la durée de vie et la maintenance de ce type de vélo ne me semblent pas assez longues et simples, pour tenir en cas de crise systémique.

La minute lexicale : c'est quoi l'énergie cheval ? C'est l'autre nom de la traction animale. C'est une énergie efficace, propre et renouvelable, à faible coût et créatrice d'emplois non-délocalisables en milieu rural. Qu'est-ce qu'il vous faut de plus !? Mieux encore : les déchets de l'animal deviennent des engrais naturels participant à la pousse de sa propre nourriture ! L'énergie cheval n'est ni importée de Chine, ni érigée sur du béton. En Inde, où les chevaux font partie de la vie quotidienne, leur utilisation permet d'économiser 6 millions de tonnes de pétrole chaque année (source Vandana Shiva, 2008).

Cheval, âne ou vélo… que choisir ?

Épreuve n°1 : le transport de personnes

	Cheval	**Âne**	**Vélo**
Vitesse moyenne	12 km/h	10 km/h	20 km/h
Capacité de transport	1 personne, 15 % de son poids (60 kg environ)	1 personne, 20 % de son poids (60 kg environ)	1 personne (mais possibilité de tandem ou de transporter un enfant)
	On ne monte jamais à 2 sur un équidé, hormis durant un temps très court.		
Confort	Tape cul	Moins tape cul	Avec une bonne selle, ça passe
Caractère	Animal de fuite, impétueux, a besoin de stimulation. Le cheval est obéissant s'il est convenablement dressé, sinon, il restera une bête craintive et fuyante.	Calme, indépendant. L'âne n'est pas têtu, mais réfléchit. Il s'arrête, sent, écoute. Il n'a pas de sens de la hiérarchie : il n'obéira que si l'ordre donné ne le met pas en difficulté ou en danger.	Néant, même si, certains jours, la chaîne fait un peu des siennes.

259

L'ÂNE N'EST PAS UN CHEVAL À GRANDES OREILLES !

Chevaux et ânes n'ont que peu en commun. Les premiers ont d'abord été domestiqués pour leur viande, quand les ânes l'ont été pour leur force de travail depuis l'Égypte antique (5 000 ans avant notre ère), mais aussi pour protéger les troupeaux de moutons et de chèvres face aux prédateurs !

Le baudet fut d'ailleurs le deuxième animal domestiqué par l'homme, juste après le bœuf. Ce n'est que plus tard – vers 2 000 ans avant notre ère – que le cheval s'est distingué comme le meilleur ami du chasseur et du guerrier. Sa rapidité en fait un excellent poursuivant et… fuyard. Cependant, le cheval reste un animal nerveux. Alors, pour le calmer, on le castre. Clac ! L'étalon devient alors un hongre. Plus docile, car libéré de ses hormones.

Enfin, pour preuve de l'antériorité de la domestication de l'âne, sachez que le mot cheval, originaire de Mésopotamie, se traduit par « âne des montagnes ». Ce n'est que progressivement que le cheval s'est imposé dans l'imaginaire collectif comme la monture du conquérant, tandis que l'âne est resté l'équidé besogneux du pauvre travailleur. Quelle injustice !

Cheval, âne ou vélo... que choisir ?

Épreuve n°2 : le transport de marchandises

	Cheval	**Âne**	**Vélo**
Capacité de charge	30 % de son poids		Jusqu'où pouvez-vous aller ?
Polyvalence	** Il peut presque tout faire, mais certaines races restent fragiles	*** Il peut tout faire, même s'il ne veut pas le faire	* Dur dur de déménager en deux roues !
Endurance	Tape cul	Moins tape cul	Tout dépend de vous

LE VÉLO, UN TRUC D'URBAINS EMBOURGEOISÉS ?

Le vélo est né pour libérer le bourgeois du cheval... et des domestiques qui s'en occupaient. Inventé par le bavarois Karl Friedrich Drais en 1817, la draisienne (sans pédales) est le premier bicycle. Il sera amélioré par les Michaux en 1861 qui auront l'idée de fixer des pédales à la roue avant.

La michaudine, avec sa roue gigantesque est présentée à l'Exposition universelle de Paris : succès immédiat auprès du geek de l'époque. Mais les paysans ne sont pas intéressés. Même si une draisienne ne coûte que 10 livres quand un cheval en coûte 40, le vélocipède reste, comme le cheval, associé à la bourgeoisie. Même lorsque John Lawson donnera au vélo sa forme actuelle, en 1879, le petit peuple restera indifférent à l'invention.

Le vélo restera un loisir bourgeois – sauf auprès des dames, qui y trouvent une alternative au cheval inconfortable et gagnent en autonomie. Alors, histoire d'en faire la pub auprès du populo, on inventa, vers 1900, les *Tours* (de France, d'Italie...) puis les vélodromes ! C'est grâce à eux que la bicyclette est devenue le cheval des temps modernes.

Le secret de la brouette chinoise.
Non, ce n'est pas qu'une position du Kamasutra !

En Asie du Sud-Est, la brouette a longtemps été l'unique moyen de transport. Mais, à la différence de nos brouettes, sa roue est placée au milieu du véhicule, ce qui permet de transporter, sans effort, 3 à 6 fois plus de poids que la petite roue du système européen.

En effet, c'est sur la grande roue de la « brouette chinoise » que repose le poids du fardeau. En comparaison, pour une charge de 100 kg, le transporteur européen doit lever une charge de 50 kg, tandis que celui d'une brouette chinoise... ne porte rien et se contente de guider le véhicule.

Cet outil génial a été développé à des fins militaires à partir du IIe siècle. Alors que le vaste réseau de routes construit par la Chine antique commençait à se désintégrer, cette brouette – qui servait au transport de troupes, d'armes, de nourritures, mais aussi comme barrière modulable contre les cavaleries ennemies – assurait à l'armée chinoise un tel avantage stratégique, que ses plans furent longtemps un secret d'État. Autre intérêt non négligeable : les roues sont chères et un véhicule à une seule roue coûte bien moins cher qu'une charrette à deux roues.

Pendant ce temps, en Europe, on tirait des charrettes à deux roues, y accrochant de grandes portées de chevaux ou de bœufs qu'il fallait nourrir et soigner... rendant le transport sur routes excessivement coûteux et freinant le développement du commerce.

Oui, la brouette chinoise est le véhicule terrestre le plus efficace de l'ère pré-industrielle. Mais, attention : en fabriquer une ne sera pas chose facile. Ces brouettes étaient des chefs-d'œuvre de menuiserie ! Il serait donc temps de vous mettre à l'ouvrage, car nos infrastructures routières d'asphalte se désintégreront beaucoup plus vite que les voies romaines antiques. Surtout si le collapse nous prive des moyens de les entretenir.

Cheval, âne ou vélo... que choisir ?

Épreuve n°3 : l'entretien

	Cheval	**Âne**	**Vélo**
Coût d'achat minimal	2 000,00 €	1 000,00 €	150,00 €
Coût de l'équipement	500,00 €	150,00 €	50,00 €
Durée de vie	30 ans	40 ans	Ne se biodégrade pas
Contraintes	*** Une écurie	** Un abri (vit en extérieur toute l'année)	* Un abri ou dans la maison
Carburant	5 kg de foin par jour, 40 L d'eau par jour minimum.	3 kg de foin par jour, 10 L d'eau par jour (l'âne est un animal du désert).	Vous avez mangé quoi ce midi ?
Budget annuel	Il faut compter : le véto, les sabots, l'ostéo, le dentiste, l'assurance... ça va dans les 500 voire 1 000 € par an !		Entre 0 et 100€

AND THE WINNER IS... CE SACRÉ BOURRICOT !

Il a tout pour plaire : rustique, économe, polyvalent, robuste, travailleur. L'âne a le cuir dur et le poil épais. Il résiste au froid et aux fortes chaleurs, a un métabolisme plus efficace que le cheval, et éloigne les prédateurs – quand le canasson les fuit.

Le must have : un <u>mulet</u> (cheval + ânesse) ou <u>bardot</u> (âne + jument), qui mêlent les qualités du cheval et de l'âne. Braves, résistants, intelligents, ils sont rapides et ont la patte sûre. Cependant ils sont rares, car génétiquement stériles.

Prêts pour l'effondrement

© Tous droits de reproduction strictement réservés
Dépôt légal : novembre 2020